옷장만 한
주방에서 만드는
세계요리

이 도서의 국립중앙도서관 출판시도서목록(CIP)은 서지정보유통지원시스템 홈페이지(http://seoji.nl.go.kr)와 국가자료공동목록시스템(http://www.nl.go.kr/kolisnet)에서 이용하실 수 있습니다(CIP제어번호 : CIP2013010524).

Cooking in a Closet Sized Kitchen

옷장만 한
주방에서
만드는
세계요리

| 고영민 지음 |

한울

/ Prologue.

드르륵…… 밤 12시 이후 가족이 모두 잠들고 나면 부엌의 미닫이문을 조심스레 닫는다. 꼼꼼하다고 말하기에는 살짝 부족하지만 베이킹을 할 때는 그램 수 한 자리도 틀리지 않는 나다. 새벽 3시가 넘어 봉긋하게 구워져 나온 버터 파운드케이크에 캐러멜 시럽을 얹는 순간은 손길이 바들바들 떨릴 만큼 흥분이 된다. 가족이 모두 잠든 시각, 달콤한 잠에 빠진 그들을 깨우지 않고도 가능할 만큼 베이킹은 조용하게 진행된다. 엄마가 부엌을 쓰시는 시간을 방해하지 않는 이 완벽한 시각에 요리의 과학적 이론과 나의 예술적 열정이 조화를 이루어 침이 꼴깍 넘어갈 만큼 맛있는 빵이 구워진다. 완성된 빵을 식탁에 살포시 올려놓고 뭉친 다리를 주무르며 잠든 밤, 꿈에서 나는 밀가루의 연금술사가 되어 세상을 휘저었다.

"우리 딸이 만든 빵은 특허를 내야겠네."

다정한 아빠는 내가 실패한 요리라도 다 드실 기세로 늘 지지를 보내셨다.

"정말 잘 먹었어. 이걸 집에서 만들었다고?"

이웃들은 내 요리에 대한 답례라며 빈 접시를 돌려주는 법이 없이 달콤한 칭찬을 보냈다.

요리를 향한 사랑은 날이 갈수록 후끈해졌다. 낮에 대학교에서 사무를 보고 밤에는 대학원 공부를 병행하느라 녹초가 되었지만 주말이 돌아오면 조그만 부엌에서 식도락가로 변신해 스스로를 다독였다. 조금씩 모아온 돈으로 짬이 날 때마다 아시아에서 오세아니아, 유럽까지 가벼운 짐 가방을 들고 여행을 다녔다. 세상에는 내가 먹던 음식 말고도 신기하게 생긴 과일이나 특이한 맛의 요리도 많다는 사실이 놀라웠다. 아일랜드의 멜랑지라는 빵집에서 미스 멜랑이 구운 베이비슈를 한 입 깨물었을 때는 그동안 세상을 살며 몇 번 경험하지 못한 짜릿함을 느꼈다. 새로운 것을 보고 듣고 먹는 것은 이처럼 내게 큰 즐거움이었다. 외국에서 만난 친구들의 이야기를 일기로 적고 즐겁게 맛본 요리는 한국으로 돌아와 꼭 만들어서 먹어보았다. 스트레스가 뭔지 모를 만큼 행복한 나날이었다. 1년, 2년이 흐르면서 나의 이야기와 레시피 수첩들은 정리되지 않은 채 뒤죽박죽 섞여서 점점 쌓여갔다. 그러던 중 마음을 풍족하게 하는 나만의 소울푸드 레시피, 여행을 하며 우연히 발견한 맛집 레시피, 영화에 등장했던 세계 가정식의 레시피를 소개하면 어떨까 하는 생각을 하게 되었다.

나 한 명이면 가득 차는 옷장만 한 주방에서 이렇다 할 요리 도구도 재료도 없이 이것저것 만드는 나를 친구들은 신기해한다. 남편에게 이탈리아 요리를 만들어주려고 야심차게 각종 도구며 생소한 재료를 듬뿍 샀지만 3개월이 지나도록 아무런 시도도 못했다면서 말라버린 바질을 보여주는 친구에게 토마토와 소시지를 볶아 만든 잠발라야와 허브를 넣어 풍미를 살린 쿠스쿠스를 선보이니 입을 쩍 벌린다.

'조리'라는 화학작용으로 상하기 일보 직전의 음식 재료의 생명을 연장하는 데 급급했던 이들을 위해 오랫동안 다져온 나의 암묵지를 공개하려 한다. 사람들은 보통 자신이 알고 있는 범주에서 벗어난 요리는 생소한 과학 실험처럼 어렵게 생각한다. 하지만 전혀 그렇지 않다. 소박한 주방에서도 세계 가정식 만들기는 얼마든지 가능하다.

Contents.

Prologue. 004
너 이 요리 어디서 만들었니? 내 옷장만 한 주방에서! 010
요리 준비 016
생소하지만 익숙해져야 할 허브 018

Part 01 주요리. 집밥이 좋은 이유

고기 예찬	024
뉴욕 스테이크	026
재즈가 흐르는 미식가의 도시, 미국 뉴올리언스	028
쉬림프 소시지 잠발라야	030
레드빈스 라이스	032
오리지널 핫케이크	034
쿠바를 사랑한 남자	038
쿠바 피카디요	040
파인애플 살사를 곁들인 저크피시	042
같은 스웨터를 입은 아이슬란드 사람들	045
아이슬란드 생선 수프	048
포르투갈 페리페리 치킨	050
포르투갈 대구 프리터	052
프랑크푸르트의 슈바이네학센 2층집에서	054
슈바이네학센	058
사워크라우트	060
예거슈니첼	062
뵈프부르기뇽	066
양송이버섯 크림치킨	070
프로방스풍 생선 조림	072
음악이 흐르는 오스트리아	076
포크 메달리온	080
오스트리아식 시금치 크림연어	082
헝가리 굴라시 수프	084
그리스의 우라노스 할아버지	087
그리스 무사카	090

그리스 도리아	092	감자 페스토 파스타	146
모로코 쿠스쿠스	094	들깨 마늘 파스타	148
남아프리카공화국 차카라카	098	샐러드 파스타	150
터키 소야 소슬루 타욱	100	고등어 파스타	152
레바논 후머스	104	**상상력을 자극하는 요리 재료**	156
유대인으로 불리는 이스라엘 사람들	106	새우 연어 오븐구이	158
이스라엘 샥수카	108	가지볶음밥 오븐구이	160
인도 투머릭 라이스	110	**하체가 튼튼한 그녀를 위해**	162
타이 카오팟	112	크림 캐비지롤	164
팟타이	114	세비체	166
스파이시 타이누들 볶음	116	브로콜리 파르메산치즈 프리터	168
타이 레몬 쉬림프	118	**요리에서 기술이란?**	171
싱가포르 칠리크랩	120	파프리카 프리타타	172
쓰촨 성의 부부	122	이탈리아 토마토 부르스케타	174
오렌지 쇠고기 차오	124	애플브리피자	176
마파두부	126	볼로네제 라자냐	178
베이징식 마요크림새우	128	**튀김 요리는 싫어요**	180
세이코의 부엌	130	덴푸라	182
소보로동	134	치킨 가라아게	184
오야코동	136	바삭한 치킨 스트립	186
최고의 보양식은 평범한 밥상에 있다	138	야구공 미트볼	188
알프레도 소스 파스타	142	**요리와 야구는 닮았다**	191
치킨 로제 파스타	144		

Part 02 샐러드. You are what you eat

로켓 샐러드	196	시저 샐러드	208
시금치 딸기 샐러드	198	오색 야채구이 샐러드	210
버섯 시금치 샐러드	200	오이 감자 샐러드	212
셀러리 살라타	201	브로콜리 새우 샐러드	213
스테이크 버섯 샐러드	202	캐리비언 쉬림프 샐러드	214
리코타 치즈 샐러드	204	그리스 페타치즈 샐러드	215

Part 03 디저트. 빵이 있다면 웬만한 슬픔은 견딜 수 있다

기본 샌드빵	220	개럿팝콘	246
쫄깃한 우유 식빵	224	케이크 로맨스	252
브뢰첸	226	카스테라 케이크	254
시리아 브레드	228	데블스푸드 케이크	256
파이 반죽	230	뷔슈 드 노엘	258
바통슈크레	232	당근 케이크	260
팔미에	234	About Soul Food	262
피칸파이	236	애플샬럿	264
프렌치 키슈파이	238	프랑스 샤비뇰 마을의 포도 농장	268
아일랜드의 고린 할머니	240	오모니에르 오 푸르트	270
아이리시 비어 브레드	244	뉴질랜드 파블로바	272

프랑스 남부의 마카롱	274	치즈 케이크	286
트르들로	276	가루이자와의 벚꽃	288
말라사다	278	벚꽃 잼	290
슈크림	280		
아이스크림	284		
체리 요구르트 아이스크림	285		

Epilogue. 292

너 이 요리 어디서 만들었니?
내 옷장만 한 주방에서!

내 주방에는 불이 잘 켜지는 가스레인지와 냉기가 팍팍 나오는 냉장고, 거금 40만 원을 들여 장만한 오븐이 있다. 도마를 여러 개 펼쳐놓고 냄비를 서너 개 올리고도 여유가 있을 만큼 넓은 공간은 아니다. 하지만 옷장만 한 주방에서 나는 북유럽, 동남아시아, 남미 등 세계 각국의 요리를 만든다. 미슐랭 가이드에 등장하는 스타 셰프의 요리처럼 화려하지는 않을지라도 근사하게 한 상 차리기는 자신의 마음먹기에 달려 있다. 요리에서 가장 필요한 것은 요리를 하고 싶어 하는 마음이 아닐까? 이런 마음에 자신만의 창조적인 감각을 더하면 예술과 맛이 결합한 트렌디한 요리도 가능하다. 코냑을 소스에 몇 방울 떨어뜨려 보고 오렌지 주스에 오리고기를 재어보기도 한다. 설령 그 맛의 조합이 내가 상상한 것이 아니더라도 의기소침할 필요는 없다. 나의 시도가 단번에 성공하는 일은 흔치 않으니까. 요리에서 '능숙한 기술'은 '요리를 하고자 하는 마음'이나 '창의적 감각'에 우선하지 않는다.

작가 이외수, 요리사 제이미 올리버Jamie Oliver, 화가 밥 로스Bob Ross의 공통점은 무엇일까? 이들은 자신의 재료를 한없이 자유롭게 다룬다. 그저 손이 가는 대로 무심하게 표현하는 것 같지만 실상 이들의 작업은 견고하고 잘 짜인 규칙 아래 충실히 이행된다. 이들은 긴 세월 동안 헤아릴 수 없을 만큼 겪어온 실수로 다듬어진 자신만의 루틴Routine을 갖고 있다. 반면 우리는 백지 앞에서 난처한 표정으로 애매모호한 밑그림을 그려나가는 사람들로서 실수를 차곡차곡 쌓아가는 과정에 있다. 지금 단계에서는 기계로 썬 것처럼 얇게 무를 썰지 못해도, 젓가락으로 콩을 집지 못해도 괜찮다. 요리 기술을 연마하려면 상당한 노력과 시간이 필요하기 때문이다.

한 상 차리기에서 인지해야 할 것 중 가장 중요한 것이 바로 각 요리를 연결하는 작업이다. 아이 메이크업과 립스틱 색상이 전체적인 조화를 이루어야 자연스럽고 미려한 화장이 완성되는 것과 마찬가지이다. 가령 오리 콩피를 할때 오리를 구운 오일을 버리지 않고 곁들일 감자를 구울 때 사용해 요리의 풍미를 자연스럽게 살리는 것이 좋은 예다. 요리를 연결시키는 데는 각 식재료를 조합해 요리의 폭을 확장할 수 있는 감각과 매 순간 떠오르는 창의적 발상이 필요하다. 이것이야말로 요리의 '진짜 기술'이라고 할 수 있으며, 맛의 완성도와 요리의 품격을 높여준다.

푸드 스타일링

맛도 맛이거니와 음식에 세련된 멋을 더하는 것도 이 시대의 요리에서는 중요하다. 접시 위의 요리는 부동자세로 담겨 있는 게 아니라 살아 숨 쉬는 것처럼 생동감이 넘쳐야 한다. 요리를 맛으로만 평가하는 시대는 지나갔다. 우리는 접시에 담긴 음식에서도 아름다움과 문화를 발견한다. 피카소가 오늘날 일류 레스토랑에서 작품처럼 꾸며져 나오는 요리를 보면 그 미적 감각에 감탄할 것이다.

나는 그림 실력이 아주 뛰어나지는 않다. 도화지에 수채화 물감으로 색을 표현하는 정도를 즐길 뿐이다. 하지만 갤러리에서 감상했던 작품이나 잡지에서 인상 깊게 보았던 광고의 이미지와 색감을 요리에 접목시키면서 '푸드 스타일링'을 즐긴다. 푸드 스타일링이라고 해서 어렵게만 생각할 것은 아니다. 어릴 적 오므라이스 위에 토마토케첩으로 웃는 얼굴을 그리거나 토마토케첩의 빨간색과 어울리는 수저를 놓았던 것이 나의 첫 푸드 스타일링이었다. 요즘에는 소스를 기하학적 무늬로 뿌리거나 레몬이나 당근을 예쁘게 잘라 그릇 한쪽에 놓는다. 하얀 접시가 밋밋해 보인다면 로메인 상추를 깔고 그 위에 음식을 올린다. 접시뿐만 아니라 주방 소품을 이용해서 색다른 분위기를 연출할 수도 있다. 사람들은 자신의 주방 인테리어나 식탁 디자인이 레스토랑의 분위기를 따라갈 수 없다며 투정부터 부리지만 이 책의 모든 요리를 만든 나에게는 고급 식탁도 화려한 조명도 없다. 평범한 식탁만 있으면 충분하다.

나는 요리에 어울릴 만한 식탁보를 깔아 푸드 스타일링을 해보기로 했다. 백화점을 쭉 돌아보았지만 딱히 눈에 들어오는 것이 없어서 동대문 원단 상가로 발걸음을 돌렸다. 그리고 마침내 내 마음에 꼭 드는, 그것도 한 마에 단돈 4,000원밖에 하지 않는 천을 발견했다. 카리브 해의 에메랄드 색과 고려청자 색이 오묘히 섞여 정말 예뻤다. 적당한 크기로 재단하고 반듯이 다려 그릇 밑에 깔았다. 그리고 분홍색 작은 촛대를 세워보니 예상하지 못할 만큼 만족스러운 분위기가 연출되었다. 이렇게 예쁜 식탁에서는 밥맛도 절로 난다. 그저 배를 채우기 위한 '먹기'에 급급한 것이 아니라 '보고 즐기는' 푸드 스타일링으로 식탁은 한결 풍요로워진다.

요리 콘셉트 이해하기

엄마는 미슐랭 가이드가 뽑은 스타 셰프만큼 요리 솜씨가 뛰어나시다. 자고 일어나면 어제와는 다른 여러 가지 반찬이 예쁜 그릇에 담겨 정갈하게 차려졌다. 이러한 영향 때문에 스무 살 이후 독립해서도 건성으로 끼니를 때우는 법 없이 장을 실컷 보아서 집밥을 차려 먹었다. 먹고 싶은 요리를 머릿속에 그리고 춤을 추듯 부엌을 거닐면 어느덧 요리가 완성되었다. 요리에 막힘이 없으려면 레시피를 암기하거나 보고 따라 하는 것이 아니라 요리의 '콘셉트'를 이해해야 한다. 레시피에 의존하면 요리 순서를 쉽게 잊어버리고 오히려 중구난방이 되기 십상이다. 파프리카를 왜 5cm로 썰어야 하는지, 토마토는 어째서 썰지 않고 통째로 넣는지 이해하려면 요리의 전체적인 콘셉트를 파악하는 것이 우선이다. 콘셉트를 알면 상황에 따라 좀 더 유연하게 대처할 수 있기 때문이다.

프로도 할 수 없는 요리

세계인의 혀를 매료시켰다고 할 만큼 요리 솜씨가 환상적인 일본 최고의 셰프, 마쓰히사 노부유키松久信幸가 제주도 음식을 맛보기 위해 한국에 들렀다. 제주도의 어느 평범한 해녀 할머니는 50년 된 자신만의 요리법으로 정성스레 생선 요리와 빙떡을 마련했다. 푸짐한 상 앞에서 할머니는 긴장한 듯 노부의 입을 쳐다보았다. 천천히 이것저것 음미하던 노부는 눈물을 글썽거리며 말했다.

"눈물이 날 것 같습니다. 나 같은 프로는 할 수 없는 요리입니다."

노부는 할머니의 음식에서 사랑과 진심을 느낀 것이다. 갓 잡은 신선한 재료와 먹는 사람을 생각하는 정성으로 만든 요리에는 프로도 흉내 낼 수 없는 맛이 깃들어 있다. 군대에서 첫 휴가를 나온 아들을 위해 저녁을 준비하는 엄마의 마음, 신혼여행에서 돌아와 남편을 위해 차리는 아내의 첫 밥상, 오매불망 손자손녀를 기다리던 시골 할머니의 밥상이 그것이다. 누가 먹는지를 잘 알기 때문에 그를 배려한 재료와 요리법이 사용된다. 치아가 성하지 않은 할아버지를 위해 재료를 잘게 다지고, 여자 친구가 좋아하도록 요리 접시에 꽃 한 송이를 함께 올린다. 투박하더라도 요리 깊숙이 담긴 배려와 정성으로 그 누군가에게는 생애 최고의 요리가 된다.

주방 크기가 요리에 미치는 영향

앞서 설명한 것처럼 옷장만 한 주방에서도 충분히 멋진 요리를 만들 수 있다. 주방이 크면 그릇을 놓을 수 있는 여유 공간이 생기고 재료를 다 꺼내놓고 조리할 수 있다는 편리함이 있을 것이다. 그러나 주방이 작아서 요리가 덜 세련되거나 어떤 요리는 만들 수 없다고 말하는 것은 변명일 뿐이다. 파티를 즐겨 하는 미국의 어느 주부 이야기를 읽은 적이 있다. 그녀는 매주 많은 사람을 초대해 정원에서 파티를 열었다. 그녀가 사는 미국은 넓은 나라지만 그녀의 부엌은 내 옷장만 한 주방만큼이나 작았다. 그녀는 "바로 이 부엌이 50인분의 요리를 만들 곳입니다"라고 자신만만해했다. 저렇게 좁은 곳에서 5인분도 아닌 50인분을 만들다니! 요리를 못하는 이유로 작은 주방을 탓하는 변명을 잠재우는 순간이었다.

낯선 재료 대체하기

그럼 다음으로 직면하게 되는 문제는 무엇일까? 한국에서 태어나고 자란 나는 스무 살 때까지 아보카도가 어떻게 생겼는지 본 적도 없고 히말라야에서 핑크빛 소금이 나는지도 몰랐다. 이탈리아에서 흔히 쓰는 세이지^{Sage}나 마조람^{Marjoram}은 외국인 전용 마트에 가면 있을까 말까 한 낯선 재료이며, 코코넛 밀크는 이름은 익숙하지만 구하기는 그리 쉽지 않은 것이다. 마늘 향이 진한 스페인식 소시지는 요리에 넣으면 풍미가 대단히 좋지만 역시 구하기 어렵다. 이 같은 제한에 부딪힐 때면 질 좋은 식재료를 저렴한 가격에 다양하게 구할 수 있는 로스앤젤레스의 파머스 마켓이나 런던의 노팅힐 시장이 부러워진다.

물론 마음만 먹으면 무엇이든 구할 수 있는 온라인 쇼핑 시대이지만 그래도 발품 팔기 쉬운 곳에서 재료를 구할 수 있어야 요리할 맛이 나지 않는가. 재료를 구하기가 만만치 않다면 일반 가정식으로는 우선 탈락감이다. 이제까지 듣지도 보지도 못한 재료를 이용해 만드는 요리는 요리 전문점에 맡기고, 그 대신 가까운 가게나 대형 마트에서도 구할 수 있는 가장 비슷한 향과 맛의 재료를 쓰도록 하자. 그 편이 부담감도 없고 요리에 좀 더 쉽게 다가갈 수 있는 방법이다.

세계요리, 어렵지 않아요

세계요리라고 하면 칠면조의 양다리를 묶고 장식을 해 오븐에서 오랜 시간 굽는 요리나 프랑스 요리계의 거장이 개발했다는 분자 요리 등 거창한 것을 떠올릴지도 모른다. 큰 마음을 먹고 세계요리책을 구입했는데 책장을 펼친 순간 요리의 제목부터 낯설고 레시피에는 어려운 말들이 가득하니 머리가 돌처럼 굳는다. 이쯤 되면 이 책은 사진 작품집으로는 좋을지 모르나 요리책으로서는 편히 매고 다니기에는 너무 비싼 명품 백처럼 멀게만 느껴진다.

처음부터 대단한 요리를 하려고 하기보다는 각국에서 흔히 해 먹는 대표 가정식이나 이태원에서도 쉽게 접할 수 있는 정도의 요리에 도전하는 것이 좋다. '트러플을 다진 소스에 캐비아를 얹은 금테찜'처럼 듣기만 해도 머리가 어질어질한 요리를 따라 하기 위해 거금을 들여 조리 도구와 식재료를 장만했다가 실패한다면 그 비싼 조리 도구는 주방 천장에서 빛도 보지 못하는 신세가 될 수 있다. 그리고 평생 주방 근처에는 얼씬도 하기 싫어질지 모른다.

즐거운 요리는 잔잔하게 흘러가는 일상 속에 자연스레 스며들어 있어야 한다. 하지만 막상 직접 하려고 하면 막막하다. 그 경계선에 자신에게 내재된 '청춘'이란 이름의 열정이 있다. 새뮤얼 울먼 Samuel Ullman 은 「청춘 Youth」이라는 시에서 '청춘이란 인생의 어떤 시기가 아니라 마음가짐'이며 '풍부한 상상력, 불타오르는 열정, 인생의 깊은 샘에서 솟아나는 신선한 정신'이라고 했다. 주방이 작다고 또는 재료가 없다고 불평하지 말고 내면에 꿈틀거리는 과감한 청춘을 마음껏 발휘해보자. 주방에 작은 여행 가방을 닮은 식탁을 차리고 이 책의 요리들에 얽힌 에피소드를 읽다 보면 당신 안에 꿈틀거리는 청춘이 분홍색 마카롱처럼 수줍게 얼굴을 붉히며 가슴을 두근거리게 할 것이다.

요리 준비

세계 각국의 요리를 만들기 위해 특별히 구해야 하는 식재료는 없다. 이 책의 세계요리에 쓰는 식재료는 대형 마트에서도 충분히 살 수 있는 것들이다. 그러나 조리 기구 중에 오븐은 가스레인지와 굽는 방식이 전혀 다르기 때문에 기본적으로 갖추고 있어야 다양한 요리를 할 수 있다. 밥숟가락이나 티스푼을 사용해서 또는 재료의 포장지에 표기된 용량으로 어림짐작해서도 충분히 요리가 가능하지만 계량스푼이나 계량컵, 주방용 저울은 구입하자. 몇천 원이면 구입할 수 있으며 디자인에 싫증을 느끼지 않는 이상 평생 쓸 것이다.

코코넛 밀크나 라임, 파프리카 가루는 유럽, 동남아 등지에서는 흔히 사용하는 식재료이지만 한국에서는 일반 요리에 잘 사용하지 않아 구하기 어려운 식재료로 분류했다. 그 대신 비슷한 식재료를 써서 본래 요리의 맛에서 벗어나지 않게 했다. 병아리콩이나 강낭콩은 대형 마트 통조림 코너에서 충분히 구할 수 있으며, 베이킹에 필요한 이스트와 각종 말린 향신료는 최근 독립 부스에서 여러 가지 종류가 판매 중이므로 약간의 발품을 들이면 어렵지 않게 구매할 수 있다. 드라이허브류는 용기가 30ml 정도로 작다. 하지만 적은 양을 써도 시즈닝에서 충분한 역할을 하기 때문에 일단 사놓으면 오랫동안 쓸 수 있다. 한국에서 푸릇푸릇한 생잎을 찾기 힘든 오레가노, 타임 같은 허브류는 한 번에 종류별로 구비해놓으면 생소한 요리를 시도할 때 막힘이 없어 편리하다.

일러두기

- 모든 식재료는 평평하게 담아 계량한다.
- 한 꼬집은 엄지와 검지로 집은 양이다.
- 소금 양은 각자 입맛에 맞춘다. 몸 상태에 따라 미각세포가 변덕을 부리기도 할뿐더러 '간이 맞다'고 할 때 개인 차이가 있으므로 정량을 책정하기보다 자신에게 맞추는 것이 좋다.
- 버터는 무염버터를 사용한다.
- 이스트는 인스턴트 이스트를 사용한다.
- 껍질째 들어가는 과일은 소금으로 꼼꼼히 씻는다.
- 레몬 제스트 약간은 레몬 껍질을 강판에 두 번 정도 갈은 양이다.
- 육수는 요리의 맛에서 큰 비중을 차지하므로 물로 대체하지 않는 것이 좋다.
- 마늘과 양파를 갈아 올리브유에 재어놓으면 파스타를 만들거나 생선, 육류를 마리네이드 할 때 편리하게 쓸 수 있다.

생소하지만
익숙해져야 할 허브

　허브잎을 우려내서 차로 마시는 데는 익숙하지만 음식에 넣는 것은 어색할지도 모르겠다. 하지만 우리가 요리에 풍미를 더하기 위해 마늘이나 고추를 잘게 다져 넣는 것처럼 서양에서는 허브를 이용한다. 허브Herb의 어원은 '푸른 풀'이라는 뜻의 라틴어 '허바Herba'이며, 고대 이집트나 그리스, 이탈리아에서 약초로도 널리 이용되었다. 향으로 질병을 이길 수 있다고 생각했던 고대인은 상처 치료제뿐 아니라 소화제나 항암제로도 허브를 사용했다.
　어린 시절 주말 저녁이면 가족과 함께 호수 옆 풍차가 있는 레스토랑에서 외식을 하고는 했다. 내가 늘 주문하는 햄버그 스테이크에는 고슬고슬하고 미나리 향이 나는 풀이 접시 한쪽에 놓여 있었다. 식사를 하는 내내 그 풀이 비타민 섭취를 위함인지 그냥 예쁘게 보이려고 장식을 한 것인지 알 수 없었지만 생소한 향이 나서 아무리 배가 고파도 먹지 않았다. 지금은 파슬리를 잘게 다져 요리에 넣을 줄 아는 멋쟁이가 되었다.
　허브를 요리에 이용하기 위해 한 걸음 다가가는 방법은 다음과 같다. 대형 마트에서 조그만 민트 화분을 구매해 주방의 햇빛이 잘 드는 창가에 둔다. 정원 가꾸기에 큰 재주가 없더라도 파릇파릇 올라오는 새잎을 볼 수 있을 것이다. 그리고 이 작은 잎이 요리에 풍만한 영감을 가져다줄 것이다. 요리에서는 보통 멋을 내기에도 좋고 향이 상큼한 생허브를 사용하지만 상황에 따라 말린 잎을 쓰기도 한다. 육수를 낼 때 쓰는 말린 월계수잎은 1장으로도 충분한 풍미를 선사한다. 티타임에도 생허브보다 말린 허브잎을 사용하는데, 이는 말린 허브잎 2~3장이 생잎 10장 만큼의 깊은 맛을 내기 때문이다. 또한 말린 허브잎은 생잎보다 약 3배의 약효가 있다.

이 책에서 자주 사용하는 허브삼총사

01 로즈메리 바다의 이슬이라는 뜻이다. 향이 강렬하고 상쾌해 공기 정화나 기억력 강화에 도움이 될 뿐 아니라 고대 로마에서는 종교의식에 사용되었다고 한다. 소량으로도 고기의 잡내를 없애고 은은한 향을 내는 것이 장점이다.

02 바질 잣, 올리브유와 함께 갈아서 만드는 페스토 소스의 주재료다. 이렇게 만든 소스는 파스타에 넣거나 빵에 발라 먹는다. 수분을 가득 머금은 연한 잎에서 나는 매운 후추 향이 머리를 맑게 하고 두통에도 효과적이다. 새싹 잎이 예뻐서 음식 데코레이션에 활용도가 좋다.

03 파슬리 한국에서 비교적 친근한 허브다. 다른 허브에 비해 향이 강하지 않아 많은 양을 다져서 사용하는 편이며 신선한 식감으로 요리에 풍미를 더해준다. 찜 요리, 육수 내기, 마리네이드 등에 다양하게 사용된다.

Part 01 주요리

집밥이
좋은 이유

눈동자가 파랗든 까맣든, 피부가 하얗든 까맣든 춥고 배고프면 가장 먼저 김이 모락모락 나는 집밥이 떠오른다. 집밥은 '익숙함'으로 마음에 와 닿지만 사람들이 집밥을 좋아하는 것은 단지 익숙하기 때문만은 아니다. 요리의 질을 결정하는 것은 좋은 재료다. 집밥을 요리하는 엄마는 내 식구가 먹는 것이기에 자연산·유기농·제철 재료를 고르는 데 아낌이 없다. 누군가의 칭찬을 듣기 위해서가 아니라 시장바구니에 신선한 재료를 차곡차곡 담아 오는 것이 주방에 서는 이에게는 너무 당연하다.

미식가들 사이에서 맛집으로 소문난 식당을 찾아가 비법을 물으면 돌아오는 대답은 어느 정도 비슷하다.

"마가린이 아닌 100% 국내산 버터를 사용합니다."
"조미료 대신 천연 재료를 써서 깊은 맛이 납니다."
"재활용하지 않는 깨끗한 기름을 씁니다."

이렇듯 음식의 맛을 살리는 것은 노련미 넘치는 셰프의 손기술보다 요리의 기본인 신선한 재료다. 식당에서 거창하게 늘어놓는 맛의 비결이란 어찌 보면 당연한 것이다. 물론 음식 맛의 비결을 재료로 돌리려는 겸손함일 수도 있겠지만, 눈이 동그래질 만큼 가격이 높아서 지갑을 열기가 쉽지 않다. 압구정동의 한 식당에서는 소나무 밑에서 자란 자연산 송이버섯 요리라며 10만 원이 넘는 아찔한 가격을 매겨놓았다. 매해 9월이면 각 백화점 식품 코너에는 흙이 잔뜩 묻은 실한 송이버섯이 보통 20만 원을 호가한다. 물론 식당은 10분의 1도 안 되는 가격에 매입했을지언정 백화점의 가격에 부응해 부자 마케팅을 따르는 것이다. 게다가 '소나무의 정기로 기른, 천년의 향이 가득한 천혜의 항암 치료제'라는 화려한 광고 문구가 붙기도 한다.

　도시에서 구하기 힘든 식재료에 거대한 판타지를 심어 한 상 근사하게 차려 내면 사람들은 주머니의 돈을 모두 털어서라도 그 음식을 먹고 싶어 할 것이다. 그 심정은 십분 이해한다. 다만 내가 흐뭇하게 미소 지을 수 있는 것은, 내게는 마른 솔잎이 수북이 쌓인 마을에서 버섯 캐기를 즐기는 할머니가 계시다는 것이다. 지금 내 주방에는 할머니가 정성스레 채취하여 보내주신 송이버섯이 계피 향을 풍기며 자신의 존재를 알리고 있다. 서울 시가로 따지면 어마어마한 가격이지만 시골에서는 상상할 수도 없는 값이다. 할머니가 강남에서 판매되는 버섯의 가격을 보시면 당장 보따리를 싸 들고 올라와 버섯 장사를 시작하실지도 모를 일이다.

　주방에서 계피 향을 풍기고 있는 송이버섯을 주방의 날벌레 퇴치용으로 두려니 애가 탄다. 피부에도 그렇게 좋다고 하는데 어서 맛있게 만들어 먹고 싶다. 그런데 혼자서 먹기에는 양이 너무 부담스럽다. 조그만 접시에 몇 송이씩 얹어 옆집부터 아랫집까지 이웃에 나눠 드렸다. 얼마 지나지 않아 초인종이 울리고 이웃들은 답례로 접시 가득히 신선한 토마토를 담아주셨다. 정이 넘치는 이웃과 나누는 신선한 재료는 주방에 풍성한 진미를 선사한다. 집에서 요리하는 것이 즐거운 이유다.

고기
예찬

　채식주의자들은 정육점을 가장 잔인하고 추잡스러운 상점으로 꼽는다. 정육점들은 잔인한 면을 감추고 좀 더 깨끗하고 보기 좋은 모습으로 손님을 맞이할 수 있도록 이미지 변신에 나섰다. 붉은 고기가 더 선명하게 보이도록 붉은 조명 대신 하얀 형광 조명을 설치한 것이다. 그러나 세계 여러 곳에 돼지나 소를 갓 잡은 형태 그대로 매달아 놓은 정육점은 여전히 존재한다. 천장에 대롱대롱 매달린 붉은 고기와 그 옆에서 정육점 주인이 맥주를 들이켜거나 담배 연기를 내뿜으면서 번쩍거리는 칼로 등심을 쓱쓱 썰어내는 장면은 상상만으로도 섬뜩하다.
　하지만 생각을 조금만 달리하면 정육점은 얼마나 고마운 곳인가? 만약 그들이 없다면 우리는 티타임에 살구 잼을 듬뿍 올린 쿠키와 함께 우아하게 차를 마시는 대신 번뜩이는 칼을 들고 직접 고기를 다듬어야 할지도 모를 일이다. 각 나라의 신이 정해주신 범위 안에서 고기와 인간은 식탁에서 경건한 교감을 나눈다. 고기는 인간의 몸으로 흡수되어 탄력 넘치는 근육을 완성시키고 뇌의 활동을 돕는다. 며칠 동안 고기가 없는 식탁을 받으면 온몸에 힘이 빠지고 집중력이 현저히 떨어진다. 이는 필수 아미노산과 오메가3, 철분, 아연 등의 결핍에서 비롯되는 반응이다. 이뿐만 아니라 선홍빛과 우윳빛이 조화를 이룬 돼지고기는 신경과 근육 운동에 필요한 티아민(비타민 B_1)을 다량 함유하고 있다. 쌀이 주식이어서 곡류를 많이 먹는 이들에게는 티아민 섭취가 필수다. 집착만 지나치지 않다면 고기는 식탁 위의 좋은 친구가 되어줄 것이다.

정육점은 얼마나 고마운 곳인가? 만약 그들이 없다면 우리는 티타임에 살구 잼을 듬뿍 올린 쿠키와 함께 우아하게 차를 마시는 대신 번뜩이는 칼을 들고 직접 고기를 다듬어야 할지도 모를 일이다.

피터 루거의
뉴욕 스테이크

재료 1
쇠고기 등심 300g, 올리브유 1큰술, 버터 1큰술, 양파가루 한 꼬집, 소금 ⅓작은술, 후추 한 꼬집

    미국 뉴욕의 브루클린 윌리엄스버그에는 오래된 전통을 자랑하는 피터 루거 Peter Luger 스테이크 하우스가 있다. 끼니때가 되면 홀 안에는 맥주를 한 잔씩 하며 여유롭게 기다리는 대기자로 인산인해다. 사람들이 이 집에 열광하는 데는 이유가 있다. 이곳에서는 스테이크 고기를 두툼하게 썰어 기름을 두른 팬에 겉이 시꺼멓게 타도록 터프하게 구워 낸다. 그런데도 육즙이 촉촉하게 살아 있는 것이 타의 추종을 불허한다.

    뉴욕 스테이크는 소의 채끝등심을 넓게 자른 모양이 뉴욕 주를 닮았다고 해서 붙은 이름이다. 도축한 지 3주가 지난 쇠고기를 일주일 정도 더 냉장 숙성하면 육질이 연해진다. 이런 질 좋은 등심과 팬, 불을 조절할 수 있는 능력이 있다면 집에서도 충분히 피터 루거의 스테이크를 구울 수 있다. 그리고 여기에 추가할 것은 손가락에 강약을 잘 조절한 다음 30cm 높이에서 굵은 소금을 넉넉히 뿌리는 것이다. 고기가 두꺼울수록 소금의 양을 많게 해서 속까지 간이 잘 배도록 한다.

| How to |

01 핏물을 뺀 쇠고기에 양파가루와 소금, 후추를 뿌려 40분간 둔다.
02 올리브유와 버터를 둘러 마늘을 볶는다.
03 고기 한 면을 센 불에 3분간 굽는다.
04 중불로 낮춰 뒤집은 다음 3분간 굽는다.
05 팬 뚜껑을 덮고 불을 끈 다음 잔열에 2분간 익힌다.

재즈가 흐르는 미식가의 도시,
미국 뉴올리언스

미시시피 강이 잔잔히 흐른다. 디아즈는 강가의 벤치에 앉아 한숨 돌린 뒤 근처 카페에서 사 온 잠발라야Jambalaya의 비닐 포장을 뜯어낸다. 상큼한 토마토 향이 가득 배어 있는 소시지와 새우를 듬뿍 떠 한 입 먹고 나니 30분 남짓 줄 섰던 시간이 전혀 아깝지 않다. 디아즈는 루이지애나 주의 뉴올리언스에서 요리를 공부하고 있다. 프렌치쿼터의 마켓에서는 가벼운 지폐 한두 장으로도 몇 끼 식사로 풍족할 만큼의 재료를 바구니에 담을 수 있다. 뉴올리언스는 미식가들이 사랑할 수밖에 없는 도시다.

케이준 스타일의 요리를 비롯해 1970년대 미국에서 인기를 끌었던 카펜터스Carpenters의 노래 제목과 같은 '잠발라야'와 '검보'도 뉴올리언스에서 태어난 요리다. 모처럼 수업이 없는 날 외출한 디아즈는 잔이 넘치도록 담긴 바나나 스무디를 들고 흑인 음악가들의 트럼펫 즉흥 연주가 흘러나오는 버번 스트리트를 거닌다. 사람들은 저마다 손에 칵테일을 들고 구수한 남부 사투리의 억양으로 즐거운 대화를 나눈다.

사람들은 가게에서 구매한 맥주를 들고 바로 옆 가게의 친구를 만나러 자유로이 드나든다. 재즈와 술의 도시로 잘 알려진 뉴올리언스다운 모습이다. 디아즈는 프렌치쿼터의 한 바에 들어가 농염한 붉은빛의 칵테일을 주문한다. 미국산 위스키를 베이스로 한 유명한 칵테일 허리케인이다. 처음에는 목이 타들어갈 만큼 강한 알콜이 충격적이지만 끝에는 오렌지나 체리처럼 달콤한 맛이 남아 붙은 이름이다.

저녁에 렌트하우스로 돌아온 디아즈는 연어를 주사위 모양으로 썰어 넣어 크리올을 만든다. 미시시피 강에서 갓 잡은 싱싱한 수산물과 바이유 지방에서 나는 풍부한 야채를 저렴한 가격에 듬뿍 구할 수 있으니 크게 멋을 부리지 않아도 맛있는 요리가 나올 것이다.

잔이 넘치도록 담긴 바나나 스무디를 들고 흑인 음악가들의 트럼펫 즉흥 연주가 흘러나오는 버번 스트리트를 한가로이 거닌다.

가장 맛있는 크리올 요리로 부탁해요

쉬림프 소시지 잠발라야

재료 1
소시지 200g, 새우 10마리, 쌀 100g, 치킨 육수 500ml, 소금 한 꼬집, 후추 한 꼬집

재료 2
버터 2작은술, 다진 마늘 2작은술, 양파 ½개, 빨간 파프리카 ½개, 셀러리 1대, 토마토 1개, 토마토소스 100ml, 허브류(타임과 오레가노 섞은 것) 1작은술, 월계수잎 2장, 파슬리 2큰술, 레몬즙 2큰술, 올리브유 2큰술, 핫소스 ½작은술

크리올Creole은 원래 프랑스인과 루이지애나 흑인의 혼혈을 뜻했으나, 이제는 이들이 즐기는 독특한 향신료를 가미한 남미식 요리의 대명사처럼 쓰인다. 크리올 요리에는 도시의 세련된 멋이 흐르며, 섬세함이 필요하다. 대표적인 메뉴로는 맥주로 굴을 요리한 오이스터 록펠러나 토마토소스에 진하게 볶은 새우를 밥에 올려 먹는 잠발라야가 있다.

| How to |

01 올리브유를 두르고 새우와 소시지를 센 불에 볶아 따로 둔다.
02 같은 팬에서 야채류를 센 불에 2분간 볶은 다음 허브를 넣고 2회 정도 섞는다.
03 치킨 육수와 토마토소스를 넣고 잘 섞은 다음 쌀, 핫소스, 월계수잎, 소금과 후추를 넣고 센 불에 끓인다.
04 끓어오르면 약불로 줄인 다음 팬 뚜껑을 덮고 30분간 더 끓인다.
05 쌀이 익고 물기가 자작해지면 파슬리와 레몬즙, 새우와 소시지를 넣고 섞는다.

TIP • 센 불에 볶아 재료 고유의 맛을 살린다.

루이 암스트롱에게 바치는 프렌치쿼터의
레드빈스
라이스

재료

강낭콩 200g, 소시지 200g, 올리브유 2큰술, 양파 1개, 피망 ½개, 다진 마늘 1큰술, 셀러리 1대, 고기 육수 700ml, 월계수잎 1장, 고춧가루 두 꼬집, 타임 1작은술, 오레가노 1작은술, 파슬리 2작은술, 소금 ½작은술, 밥

레드빈스 라이스 Red Beans & Rice 는 일요일 저녁에 먹고 남은 돼지 뼈와 강낭콩을 고아 월요일 점심에 먹는 크리올의 전통 요리다.

주부들은 월요일이면 지난 한 주간 쌓인 빨래를 하면서, 그 사이 약한 불에 돼지 뼈와 강낭콩을 함께 넣어 농밀하게 고아냈다. 요즘은 반드시 일요일에 고기를 먹거나 월요일에 빨래를 하지는 않지만 레드빈스 라이스는 여전히 크리올의 월요일 식탁을 책임지고 있다.

마치 팥죽을 연상케 하는 이 요리는 뉴올리언스 프렌치쿼터에서 처음 만들어졌다고 한다. 루이 암스트롱 Louis Armstrong 은 'Red Beans and Ricely Yours'라는 유명한 사인을 남길 만큼 레드빈스 라이스를 즐겨 먹었다.

| How to |

01 강낭콩을 미리 물에 담가놓는다.
02 올리브유를 두르고 다진 마늘을 넣은 다음 잘게 썬 야채를 중불에 4분간 볶는다.
03 육수 700ml에 강낭콩, 볶은 야채, 월계수잎, 향신료를 넣고 끓인다. 끓어오르면 약불로 줄여 2시간 졸인다.
04 소시지를 넣어 20분간 더 끓이고 물이 완벽히 졸면 밥에 올린다.

아기 엉덩이처럼 귀엽게 구워주세요

오리지널
핫케이크

재료 1 🥣
달걀 3개, 밀가루 115g, 베이킹파우더 1작은술, 우유 140ml, 소금 ½작은술, 설탕 2큰술

재료 2 🥣
슈가파우더, 메이플 시럽, 차가운 버터

케이크 표면이 아기 엉덩이처럼 부드럽고 토실토실한 오리지널 핫케이크 만들기 비법을 공개하려 한다. 핫케이크와 팬케이크는 비슷해 보이지만 확연한 차이가 있다. 핫케이크는 두껍게 구워 2~3장을 겹쳐서 먹지만 팬케이크는 얇게 구워 원하는 만큼 쌓아올린 다음 썰어 먹는다. 둘 다 메이플 시럽을 가득 뿌리지만 핫케이크에는 차가운 버터를 올리고 팬케이크에는 메이플 시럽과 섞은 크림버터를 곁들인다. 맛있는 핫케이크를 만들기 위해서는 레시피보다 노하우에 주목해야 한다.

How to

01 노른자, 밀가루, 베이킹파우더, 우유를 섞는다.
02 다른 볼에 흰자와 소금, 설탕을 섞어 최대한 거품을 낸다.
03 01과 02를 섞어서 약불에 굽는다.
04 재료 2를 올린다.

TIP
- 팬에 두른 기름을 키친타월로 살짝 닦아낸다.
- 약불에 천천히 굽는다.
- 표면에 구멍이 3개 생겼을 때 뒤집어준다.
- 뒤집고 난 다음 아주 약한 불에서 3분간 더 굽는다.
- 과일을 토핑하는 경우 반죽에 섞지 않고 굽는 중에 뿌려 뒤집는다.

핫케이크에 곁들이면 좋은 것

핫케이크는 대부분의 과일과 어울리지만 흔히 바나나와 딸기를 날것 그대로 곁들여 먹는다. 나는 사과를 잘게 썰어 설탕물에 졸인 것을 곁들이기도 하며 망고와 견과류를 섞은 상큼하고 고소한 식감의 소스를 즐겨 먹는다. 망고 크리스피 소스는 뜨거운 상태로 핫케이크 위에 뿌려 먹어도 좋지만 식혀서 아이스크림과 함께 먹어도 아주 맛있다.

망고 크리스피 소스

재료 망고 ½개, 견과류 60g, 버터 1큰술, 꿀 1큰술, 전분 1작은술, 시나몬 가루 한 꼬집, 레몬즙 2작은술

01 버터를 녹여 전분과 시나몬 가루를 미리 섞는다.
02 중불로 견과류를 5분가량 볶는다.
03 01과 레몬즙을 넣고 중불로 볶다가 꿀을 넣는다.
04 망고는 네모썰기해서 넣고 센 불에 1분 정도 살짝 볶는다.

코우슬로

재료 배추 ¼통, 당근 ⅓개, 양파 2개
소스 재료 마요네즈 120ml, 우유 90ml, 생크림 15ml, 식초 2큰술, 레몬즙 2½큰술, 설탕 120ml, 소금 ½작은술, 후추 한 꼬집

01 잘게 썬 야채와 소스를 섞는다.
02 최소 2시간 동안 냉장실에서 숙성시킨 후에 먹는다.
TIP • 12시간 정도 숙성시키면 더 좋다.

위 망고 크리스피 소스. **아래** 코우슬로.

쿠바를 사랑한
남자

　1928년 아바나 시에 여름이 왔다. 유복해 보이는 한 남자가 칵테일을 마시며 밤낮 없이 글을 쓴다. 그는 현지인으로 보이지는 않지만 세계 이곳저곳을 자주 여행한 듯 이곳에 익숙하게 적응했다. 콜럼버스가 찬탄했던 고혹적인 경관의 쿠바는 청새치 낚시를 즐기는 이 여행자의 마음을 후끈 달아오르게 했다. 정원마다 피어 있는 붉은 히비스커스도 그의 마음을 사로잡기에 충분했지만 올드 아바나의 길고양이만큼이나 많은 맛있는 칵테일이 그를 매료시켰음을 부정할 수 없다.

　그는 가을까지 쿠바에 머물다가 떠났고 4년 뒤 다시 돌아와 분홍색 벽돌 건물인 암보스문도스 Ambos Mundos 호텔 511호에서 무려 7년간 여행자로 머물렀다. 그는 자신이 직접 보고 들은 이야기를 글로 썼다. 쿠바인은 낭만이 가득한 민족이라 영감을 얻기에 충분했다. 그는 호텔에서 밤낮으로 타자기를 두드렸고 아내와 함께 쿠바에서 남은 생애를 보내기로 결심했다. 이후 아바나 시 외곽에 위치한 작은 어촌 코히마르 Cojimar 에 상아색 벽의 대저택을 구입해 쿠바에서의 삶을 시작했다.

　'전망대 목장'이라는 뜻의 '핑카 비히아 Finca Vigia'는 호화로운 대저택이었다. 그는 그곳에서 좋아하는 고양이를 50마리나 키웠고 바닷가 내음이 코끝을 적실 만큼 해변이 아주 가까운 레스토랑에서 음식과 칵테일을 즐기며 하루하루를 즐겁게 보냈다. 특히 즐겨 마신 칵테일은 럼에 소다수, 라임, 예르바부에나 Hierbabuena 를 넣고 조각 얼음을 가득 채운 것이었다. 쿠바인은 아무리 힘든 상황에서도 칵테일을 손에 들고 춤을 추며 노래를 불렀다. 그는 순박한 쿠바인들과 어울려 칵테일을 10잔 이상 마시고 취하는 날도 잦았다. 그 칵테일은 바로 '마법에 걸리다'라는 뜻의 모히토였다. 자유로운 영혼이었던 그는 아바나 시에 별빛이 드리우면 모히토에 취해 맨발로 거리를 걸었다.

어니스트 헤밍웨이는 친구 푸엔테스와의 일화에서 영감을 받아 쓴 『노인과 바다』로 1954년 노벨문학상을 수상했다.

그에게는 흐르고 흐른 세월만큼이나 오래된 벗이 있었다. 코히마르 토박이인 어부 그레고리오 푸엔테스Gregorio Fuentes는 30년이 넘도록 그와 함께 배 위에서 낚시를 즐기며 노를 저었고 곧잘 요리도 해주었다. 둘은 바나나를 튀긴 플라타노Platanos Fritos와 잘게 저민 쇠고기를 쌀밥에 올려 낸 피카디요를 배 위에서 먹으며 좋아하는 야구 이야기로 밤을 새기 일쑤였다.

 그는 친구 푸엔테스와의 일화에서 영감을 받아 쓴 『노인과 바다The Old Man and the Sea』로 1954년 노벨문학상을 수상했다. 그는 상을 받은 소감에서 "이 상을 받은 최초의 입양 쿠바인이라 행복하다"고 말했다. 그는 미국인이었지만 쿠바에 대한 사랑이 매우 깊었다. 쿠바의 넘실거리는 파도와 뜨거운 바람을 뼛속 깊이 사랑했던 그는 이방인이 아니라 진정한 쿠바인이 되기를 원했던 것이다. 하지만 미국과 쿠바의 관계가 악화되자 1960년 미국으로 추방당하고 1년 뒤 자살로 추정되는 원인 불명의 사고로 생을 마감했다. 그는 바로 희대의 작가, 어니스트 헤밍웨이Ernest Hemingway다.

1943년 작은 배 위에서
쿠바
피카디요

재료

쇠고기 350g, 그린 올리브 6개, 다진 마늘 1큰술, 올리브유 2큰술, 토마토 1개, 피망 ½개, 양파 ½개, 건포도 3큰술, 사과식초 2작은술, 발사믹식초 1작은술, 레드와인 40ml, 토마토소스 150ml, 소금 한 꼬집, 후추 한 꼬집

피카디요Picadillo의 어원은 '다지다'라는 뜻의 스페인어 'Picar'이다. 그 뜻처럼 고기를 잘게 다져 타코나 크로켓에 가득 채우거나 밥 위에 얹어서 낸다. 멕시코에서는 라임을, 필리핀에서는 오이류의 채소를 넣어 볶으며, 쿠바에서는 큐민과 오레가노 등 각종 시즈닝을 더하고 때에 따라 레드나 화이트와인, 올리브 오일에 졸여 향미를 더한다. 피카디요는 응용하기 쉬운 요리로, 감자를 조금 더 많이 넣고 볶아 잘 구워진 크레페에 올리고 요구르트 소스를 살짝 뿌려 돌돌 말아 내면 아주 맛있는 포테이토 피카디요 크레페가 완성된다.

| How to |

01 고기를 갈아 소금과 후추로 간해 센 불에 볶는다.
02 다진 마늘과 잘게 썬 야채를 넣고 볶다가 토마토소스와 식초를 넣어 센 불에 5분간 끓인다.
03 레드와인과 그린 올리브, 건포도를 넣고 중불에 10분간 끓인다.

자메이카의 진면목은 요리에서

파인애플 살사를 곁들인 저크피시

재료 🍲
흰살생선(또는 연어) 500g, 파인애플 ¼개, 레몬즙 2큰술, 다진 양파 1큰술, 생파슬리 1큰술

저크소스 재료 🍲
청양고추 2개, 후추 3작은술, 시나몬 가루 2작은술, 너트메그 1작은술, 황설탕 110ml, 마늘 7쪽, 타임 1큰술, 파 2쪽, 소금 ½작은술, 후추 2큰술, 간장 2큰술

살아생전 반드시 맛보아야 하는 음식에는 어떤 것이 있을까? 영국 BBC 방송의 1위부터 50위까지 순위 리스트에는 팬케이크를 비롯해 파스타, 햄버거 등 익숙한 것이 가득하다. 이렇게 흔한 음식이 반드시 먹어보아야 하는 것이라면 내 인생도 그리 나쁘지는 않았다고 느낄 찰나에 '저크치킨 Jerk Chicken'이 눈에 띈다.

카리브 해의 축제 현장에서는 바비큐 그릴 위의 닭 요리들이 맛있는 소리를 내며 익어간다. 저크소스를 듬뿍 바른 닭이 다 익었을 때쯤 다시 한 번 마리네이드를 끼얹으면 불꽃이 튀어 오른다. 보기만 해도 군침 도는 저크치킨에 자메이카산 맥주인 레드 스트라이프를 한 모금 들이켜면 당장이라도 눈앞의 에메랄드 빛 바다에 뛰어들고 싶어진다. 저크치킨뿐만 아니라 자메이카에는 참신한 레시피의 요리가 많다. 참돔에 레드 스트라이프를 넣은 밀가루 반죽을 입혀 바삭하게 튀기고, 화려한 진홍색의 아키 Ackee 열매를 라임과 섞어 만든 살사를 곁들인다. 그리고 자메이카의 케첩으로 불리는 퓨레는 토마토에 각종 요리에 다양하게 사용되는 열대과일 타마린드, 그리고 매운 고추인 스카치 보네트 Scotch Bonnet를 섞어 만든 소스로서 전 세계로 수출되고 있다.

이제 '살아생전 반드시 맛보아야 할' 저크요리를 하려고 한다. 쉬이 닿기 힘든 카리브 해 낭만의 섬 자메이카의 식탁을 집에서 재현하자니 따로 공수해야 할 재료가 많지 않을까 걱정이 될 것이다. 하지만 양파나 마늘처럼 한국에서 흔히 사용하는 재료에 너트메그 같은 향신료 몇 가지만 추가하면 자메이카의 맛이 완성된다. 들어가는 재료가 10가지 이상이라 손이 조금 분주해질 수도 있지만 방부제가 가득 들어 있을 공장표 소스를 먹는 것보다는 나은 일이다. 허브류의 향신료는 집에 있는 것으로 양을 적절히 맞추어 배합할 것을 추천한다.

보통 저크소스는 살이 통통하게 오른 닭에 발라 굽는 것으로 알려져 있지만 자메이카에서는 생선용 소스로도 즐겨 사용된다. 카리브 해에서 갓 잡아 올린 연어나 대구 혹은 호수에서 낚은 메기나 잉어에 발라 노릇하게 구우면 매콤하면서도

독특한 향이 생선 살에 깊숙이 배어들어 최고의 요리를 선사한다. 생선 요리를 맛본 뒤에 진한 초콜릿 향이 일품인 자메이카산 블루마운틴으로 생선의 비린 맛을 잡아주면 한결 산뜻하게 식사를 마무리할 수 있다.

| How to |

01 생선에 저크소스를 붓고 냉장실에서 6시간 동안 숙성시킨다.
02 숙성시킨 생선을 180℃ 오븐에서 18분간 굽는다.
03 파인애플은 작게 네모썰기하고 다진 양파와 파슬리를 레몬즙과 함께 섞어 살사를 만든다.
04 구운 생선에 살사를 곁들여 낸다.

TIP • 레몬 대신 라임을 쓰면 더 좋다.
• 저크소스는 하루 전날 만들어 숙성된 것을 쓰면 훨씬 맛있다.

〈올스파이스〉
올스파이스는 원산지가 자메이카로 후추처럼 생겼으며 캐러비언 요리에서 절대 빠질 수 없는 향신료다. 후추, 너트메그, 시나몬을 섞은 향이 나기 때문에 이런 이름이 붙었다. 달콤하면서도 톡 쏘는 맛이 난다.

같은 스웨터를 입은
아이슬란드 사람들

모두가 똑같은 모양의 두툼한 스웨터를 입고 있었다. 아이슬란드의 가장 인기 있는 브랜드에서 기념일을 맞이해 전 국민에게 배포한 것이 아닌가 하는 생각이 들 정도였다. 체감 온도가 무려 영하 40℃에 달했지만 예일은 그다지 춥지 않았다. 곳곳에서 끓어오르고 있는 우윳빛의 온천수를 보는 것만으로도 위로가 되었다. 그의 앞에는 빨간 지붕의 집들과 하늘, 그리고 파란 초원이 선명한 보색 대비를 이루며 끝없이 펼쳐져 있다. 온천수와 찬 공기가 만나 물안개가 자욱이 피어올랐다. 달이 지고 주위가 적막해지자 연둣빛과 선홍빛 섬광이 하늘을 수놓았다. 그 빛은 1시간이 지나서야 옅어졌다.

이곳은 과연 사람이 살 수 있는 땅일까? 예일에게 아이슬란드는 달걀이 돌처럼 얼어버리는 추운 섬나라, 영화 〈트루먼쇼 The Truman Show〉의 가상도시 시헤븐 같은 세상이었다. 그러나 그의 공상 속에 존재하던 이 빙하 지대의 실제 운치는 상상을 초월했다. 어디선가 폭포수가 떨어지는 소리가 났지만 밤이 어두워 보이지 않았다. 예일이 몸을 담그고 있는 온천은 새까만 하늘을 천장 삼은 것으로 그 어떤 가림막도 없었다.

"곧 북위 66도 방향에서 빛이 나타날 걸세."

주인장의 말과는 달리 두 번째 오로라는 쉬이 나타나지 않았다.

둘째 날이 되자 예일은 계획대로 서북쪽으로 한참을 달려 수도 레이캬비크에 도달했다. 겨자색 시멘트 벽의 집들 사이로 회색의 증기 기둥이 솟아올라 뜨거운 화산 증기를 내뿜었고, 거리에는 식당과 술집이 즐비한 것이 어제와는 사뭇 다른 분위기였다.

주로 새우나 물고기, 조개가 그려진 간판이 많았는데 해산물 식당이었다. 거리에 인적이라고는 없더니 사람들이 죄다 식당 안에 모여 있는 듯했다. 예일은 마치 성냥팔이 소녀처럼 우두커니 서서 창문 너머의 요리를 지켜보았다. 요리사들은 조개 한 가지를 다양한 조리법으로 요리했다. 그중에는 한국의 매운탕처럼 생선 뼈로 육수를 우려내 각종 야채를 넣고 칼칼하게 끓이는 것도 있었다. 빨간 랍스터를 삶아 통통한 살을 발라낸 뒤 버터에 살짝 구운 것과 방금 잡은 생선을 손질해 넣고 지글지글 끓이는 국물을 보니 배가 고팠다. 얼큰한 국물에 몸도 녹일 겸 눈앞에 보이는 식당으로 들어섰다. 금발의 아저씨가 길게 이어진 20인용 식탁으로 그를 안내했다. 합석이었지만 다른 이들은 신경 쓰지 않는 듯했다. 북엇국처럼 보이는 해물 스튜는 1,100크로네였고 200크로네를 더 내면 각종 해산물과 야채를 듬뿍 추가해서 먹을 수 있었다. 메뉴판을 보니 주류의 가격이 꽤 비쌌다. 20년 전만 해도 아이슬란드에서는 맥주를 마실 수 없었다고 한다. 현재는 맥주 회사가 여러 개이지만 당시에는 보드카처럼 40도가 넘는 독주를 물처럼 들이붓는 사람들 때문에 주류를 구입할 수 있는 장소를 제한시켰고 값도 비싸게 책정했다는 것이다. 날씨가 추운 나라에서는 알코올 중독자가 흔하기 때문에 아이슬란드 정부는 이를 예방하고자 노력했던 것이다. 식당에 앉은 사람들은 서로 친근해 보였다. 그들은 예일에게도 말을 건넸다. 이방인인 그가 마치 오래된 친구인 양 이것저것 여행 정보를 주었다. 아이슬란드는 전체 인구가 30만 명으로 한 다리만 건너면 전 국민이 아는 사람일 만큼 좁은 나라다. 그들은 처음 보는 사람에게도 가족처럼 친절하게 대하는 태도가 몸에 배어 있었고 무슨 일이 생기면 적극적으로 나서서 도와주는 것을 당연하게 여겼다. 잠들어 있는 듯한 도시 속에는 분주한 식당이 있었고 그 속에는 따뜻한 사람들이 있었다. 마치 하나를 열면 그 안에 또 다른 하나가 들어 있는 마트료시카 인형처럼 말이다.

달이 지고 주위가 적막해지자 연둣빛과 선홍빛 섬광이 아이슬란드의 하늘을 수놓았다.

아이슬란드 사람들이 장수하는 이유는

아이슬란드
생선 수프

재료

흰살생선 1마리, 새우 4마리, 바지락 100g, 브로콜리 ⅓개, 바질 ½작은술, 감자 ½개, 양파 ¼개, 올리브유 1큰술, 물 300ml, 다진 마늘 1작은술, 토마토 1개, 당근 ⅓개, 레몬즙 1작은술, 생파슬리 1작은술

아이슬란드 사람들은 깨끗한 북대서양에서 담홍색의 청어와 가자미를 잡아 올리고, 물새의 알을 요수한다. 섬나라 반도국의 사람들이 장수하는 비결의 중심에는 생선이 있다. 생선은 단백질이 풍부하지만 지방 함유량이 낮고 DHA 등의 불포화 지방산을 다량으로 함유하고 있다. 이런 생선 단백질은 기억력을 증진시키고 콜레스테롤을 낮추는 효과가 있다. 또한 아이슬란드 사람들이 식후에 챙겨 마시는 맑고 노란빛의 대구간유는 대구 간 속의 지방유를 추출한 것으로 오메가 지방산이 풍부해 연골 세포를 손상시키는 효소의 활동을 억제한다.

이번에 요리할 아이슬란드 수프에는 대구나 도미, 조기처럼 담백한 맛의 흰살생선을 쓰는 것이 좋다.

| How to |

01 감자와 양파는 작게 네모썰기하고 브로콜리와 토마토는 먹기 좋은 크기로 썬다.
02 냄비에 올리브유 1큰술을 두르고 감자, 양파, 토마토를 10분간 볶는다.
03 02에 물, 다진 마늘, 브로콜리, 당근을 넣고 뚜껑을 덮어 중불로 5분간 끓인다.
04 03에 생선, 새우, 바지락을 넣고 뚜껑을 덮어 중불로 15분간 끓인 뒤 레몬즙과 파슬리를 뿌린다.

아프리카 고추에 반하다
포르투갈 페리페리 치킨

재료 🥣
닭 1마리(700g), 버터 30g, 다진 마늘 1큰술, 파프리카 1개

페리페리 소스 재료 🥣
올리브유 2큰술, 고춧가루 1큰술, 오레가노 1작은술, 생강가루 1작은술, 다진 마늘 1작은술, 황설탕 1작은술, 레몬즙 4큰술, 소금 ½작은술, 후추 ½작은술

왠지 마음이 허하고 기분이 가라앉은 날에는 페리페리 소스를 발라 매콤하게 맛을 낸 포르투갈 치킨이 생각난다. '기운 내자'라는 구호처럼 느껴지는 '페리페리$^{Peri\ Peri}$'는 아프리카 고추의 한 종류로 정식 명칭은 아프리칸 버드아이다. 한국의 빨간 고추를 닮았으며 각 나라마다 그 호칭이 다르다. 영국에서는 '피리피리$^{Piri\ Piri}$', 프랑스에서는 '필리필리$^{Pili\ Pili}$'라고 부르며 하나같이 어감이 앙증맞다. 파프리카 가루가 있다면 더없이 좋겠지만 국내에서는 흔하지 않은 재료인 만큼 고춧가루로 대체해 페리페리 치킨$^{Peri\ Peri\ chicken}$의 맛을 느껴보면 좋겠다.

| How to |

01 페리페리 소스 재료를 모두 갈아 냉장실에서 24시간 숙성시킨다.
02 닭 표면에 칼집을 내고 버터, 소금, 후추를 발라 180℃ 오븐에서 30분간 굽는다.
03 구운 닭에 페리페리 소스를 발라 180℃ 오븐에서 10분간 굽고 온도를 250℃로 올려 4분간 더 굽는다.

TIP • 닭 안심을 이용하면 요리하기가 좀 더 편하다.

포르투갈 할머니는 대구를 그냥 두지 않아!

포르투갈
대구 프리터

재료

대구 순살 250g, 감자 350g, 마늘 1큰술, 양파 ¼개, 생파슬리 2작은술, 달걀 2개, 소금 ½작은술, 후추 ⅓작은술, 카놀라유 2작은술, 올리브 10개

'포르투갈 할머니는 대구를 그냥 두지 않는다'라는 말이 있을 정도로 포르투갈에서는 생선 요리를 즐겨 먹는다. 그중 포슬포슬한 식감이 일품인 대구는 삶고 굽고 튀기는 여러 가지 방법으로 요리하며, 크리스마스 식탁에도 특별 요리로 오를 만큼 포르투갈인에게 사랑받는 생선이다. 포르투갈 가정에서 즐겨 먹는 대구 프리터 Codfish Fritters 는 매시드 포테이토를 구운 것과 아주 비슷하다.

이 요리를 하려면 3일 전부터 미리 준비를 해야 한다. 대구를 3일간 물에 담가 놓아야 하기 때문이다. 이때 주의할 점은 신선한 물로 자주 갈아야 한다는 것이다.

| How to |

01 대구는 미리 3일간 물에 담가둔다.
02 감자를 삶아 으깬다.
03 물기를 제거한 대구와 으깬 감자를 섞는다.
04 달걀, 마늘, 다진 양파, 생파슬리를 넣어 잘 섞은 후에 소금과 후추로 간한다.
05 숟가락 2개를 이용해 반죽을 풋볼 모양으로 만들어 오븐 트레이에 가지런히 놓는다.
06 냉장실에 30분간 둔다.
07 190℃ 오븐에서 10분간 노릇하게 굽는다.

프랑크푸르트의
슈바이네학센 2층집에서

아이삭은 프랑크푸르트의 조그만 2층집에 고양이 '팬더'와 함께 산다. 바로 아래층에는 슈바이네학센을 비롯해 여러 가지 소시지와 맥주를 파는 식당이 있다. 아침과 점심, 그리고 저녁 모임까지 거의 그곳에서 해결하다 보니 식당 주인 루디는 그를 가족처럼 챙긴다. 책과 음악 외에는 문외한이고 돈 벌 궁리에 지쳐 밋밋하게 살아가는 그에게 루디는 고양이를 키워보지 않겠냐고 제안했다.

'고양이?'

아이삭은 동물을 싫어하지는 않지만 그렇다고 관심도 없는 터라 아무런 대꾸도 할 수 없었다.

"싫어?"

"그런 건 아니고요. 사실 고양이가 어떻게 생겼는지도 잘 모르겠어요."

이런 멍청한 답변에 사람 좋은 루디는 콧수염과 어깨를 동시에 들썩이며 웃었다.

"하하하, 바덴에서 친구가 아주 귀한 고양이를 보내주었어. 그런데 돌볼 시간이 없어 영 마음이 쓰이는군. 멀리 보내고 싶지는 않으니 자네가 한번 생각해봐."

아이삭은 며칠 뒤, 사실은 이틀밖에 지나지 않았지만, 그 바덴에서 왔다는 귀한 고양이를 보게 되었다. 살은 통통하게 붙어 있었지만 털의 윤기는 생선 뼈를 몰래 물고 가는 길고양이보다 못했다. 그는 루디가 그동안 자신을 잘 챙겨준 것도 있고 해서 '애완동물 잘 기르는 방법'을 검색했다. 그리고 냉장고에 붙여놓고 그대로 행하기로 했다. 방법은 의외로 아주 단순했다. 퇴근 후 2층으로 올라갈 때 일부러 발소리를 자박자박 내어 존재를 알린다. 그리고 문을 열면 안아주고 눈을 맞춘다. 마요네즈에 버무린 참치를 준 뒤 씻고 나오면 식사를 마친 팬더는 멀리서 아이삭을 관찰할 것이다. 그

신기하게도 아이삭과 함께한 이후 팬더의 눈빛 속에 가득하던 불안감은 온데간데없어졌다. 늘어진 먹음새로 생선을 발라 먹고 배가 부르면 보송보송한 뺨을 비벼대며 애교도 피운다.

는 그런 시선을 즐기며 루디가 챙겨준 슈바이네학센을 따뜻하게 데우고 냉장고에서 사워크라우트를 꺼내 식탁을 차린다. 맥주의 고소한 향이 듬뿍 배어 있는 돼지고기의 담백한 냄새에 팬더는 다이아 7캐럿처럼 반짝이는 눈을 동그랗게 뜨고 부엌 주변을 고고하게 걷는다.

   신기하게도 아이삭과 함께한 이후 팬더의 눈빛 속에 가득하던 불안감은 온데간데없어졌다. 푸석거리던 털에 윤기가 흐르고 그릇에 물이 없으면 앞발로 그의 발을 탁탁 치며 당당한 표정도 짓는다. 늘어진 먹음새로 생선을 발라 먹고 배가 부르면 보송보송한 뺨을 비벼대며 애교도 피운다.

   팬더는 바덴에서 아주 부유한 위르겐 백작 집에 있던 고양이다. 그런데 장난기가 지나쳐서 백작의 아이에게 미움을 받아 쫓겨났고 여러 곳을 거쳐 결국 이곳까지 오게 되었다. 바덴은 여유가 넘치는 지방이다. 특히 위르겐 백작 집 근처에 있는 슈투트가르트 국립극장은 잔잔한 호면에 반사되는 미려한 경치로 유명하다. 아마 팬더는 낙락하고 여유로운 걸음으로 그 호숫가를 유유자적 거닐었을 것이다. 그 걸음걸이에는 기품과 여유가 넘치며 세상을 평온하게 만드는 힘이 있다.

　아이삭은 주변인과의 관계를 챙기기는커녕 자신을 돌보는 데도 인색했다. 그저 곤고하게 하루하루 살아가기에 급급했던 그를 변화시킨 것은 팬더다. 무용한 격려라 여기며 흘리듯 넘겼던 팬더의 애교는 어느새 그에게 작은 희망을 가져다주었다.

　아이삭은 퇴근길에 뢰머 광장에서 노란 조명을 켜놓은 정육점에 들러 수제 소시지와 돼지고기를 듬뿍 샀다. 팬더에게 맛있는 요리를 해줄 상상을 하며 콧노래를 흥얼거렸다. 그에게 먹는 것은 그저 굶주린 배를 채우는 일이었지만 이제 '맛'이 무엇인지 알 것 같다. 임대주택에 살면서 5년간 7번이나 이사를 해야 했다. 그래서 팬더와 함께하며 느낀 이 안정적인 감정이 더 각별했을지도 모른다. 팬더에게 받은 사랑으로 그는 다른 사람이 되고 있다.

프랑크푸르트의 조그만 2층집 1층에는 슈바이네학센을 비롯해 여러 가지 소시지와 맥주를 파는 식당이 있다.

뮌헨의 요리사가 라거를 들면
슈바이네학센

재료
돼지고기 앞다리살 250g, 흑맥주 1캔 (350ml), 소금 ½작은술, 후추 ½작은술, 향신료(타임과 바질 섞은 것) 1큰술, 월계수잎 2장, 양파 1개, 물

슈바이네학센 Schweine Haxen 에서 슈바이네 Schweine 는 돼지를, 학센 Haxen 은 다리를 뜻한다. 겉은 프라이드치킨의 껍질처럼 바삭거리지만 속은 돼지 수육처럼 부드러운 요리로, 독일 가정에서는 일주일에 한두 번은 빠뜨리지 않고 먹는다. 맥주와 각종 향신료에 오랜 시간 마리네이드하여 그 향이 고기에 깊숙이 배어든다. 잘 삶은 고기를 오븐에서 노릇노릇 구우면 고소한 맛이 일품인 슈바이네학센이 완성된다. 맥주는 취향대로 선택하며, 독일 남부의 뮌헨에서 처음 만들어진 발효식 맥주 라거 Lager 가 무난하다. 시장에서 돼지의 장족을 구할 수 있다면 가장 좋지만 마켓에서 쉽게 구할 수 있는 앞다리살을 이용해도 괜찮다.

| How to |

01 핏물을 뺀 돼지고기 앞다리살을 월계수잎, 소금, 후추, 흑맥주, 향신료를 섞은 것에 넣어 반나절~3일간 냉장 숙성한다.
02 냄비에 01을 담고 고기가 잠길 만큼 물을 부어 30분간 삶는다.
03 삶은 고기를 건져 220℃ 오븐에서 20분간 구운 뒤 고기를 삶고 남은 물을 붓고 5분 더 굽는다.

독일식 김치
사워크라우트

재료
유기농 양배추 1통, 품질 좋은 소금 2큰술

음표를 볼 줄 모르는 천재 작곡가는 음악 대학 출신의 뛰어난 피아니스트를 조수로 둔다. 그리고 자신의 머릿속에 떠오르는 악상을 종이에 옮겨 적게 한다. 이들의 완벽한 조합으로 희대의 명곡이 탄생한다. 한 명이 하지 못하는 일을 둘이서 해낼 수 있다. 각자의 고유성을 살려 결합하면 그것이 혹여 단점일지라도 상호 보완을 이루어 호조를 이룬다. 음식에서도 궁합이 좋은 짝꿍끼리 만나 시너지 효과를 내는 경우가 있다.

독일에는 감자와 양배추를 이용한 요리가 많다. 특히 소금에 절인 양배추 사워크라우트 Sauerkraut 는 그대로 먹을 뿐만 아니라 매 끼니마다 요리에 두루 사용할 정도로 사랑받는 음식이다. 양배추는 요구르트, 올리브와 더불어 서양에서 3대 장수 식품으로 꼽히며, 발효 과정에서 발생하는 효모는 요구르트의 유산균처럼 몸에 이로운 균으로 소화를 돕고 면역 체계를 증진시켜 암 예방에 도움이 된다. 양배추의 글루코시놀레이트 Glucosinolate 가 소금에 의해 발효되며 항암 물질인 이소티오시아네이트 Isothiocyanate 로 분해된다. 이는 구하기 쉬운 재료의 배합으로 탄생한 엄청난 시너지 효과다.

| How to |

01 양배추를 잘게 썰어 소금 2큰술을 뿌리고 어깨를 주무르듯이 힘주어 20분간 버무린다.
02 양배추에서 소금물이 충분히 나오면 단지에 담아 꾹꾹 눌러준다.
03 소금물에 잠긴 양배추를 양배추 겉잎으로 덮고 15℃ 실온에 한 달간 둔다.

TIP • 좀 더 강한 맛을 원하면 발효 기간을 늘린다.
 • 곰팡이가 생기면 걷어낸다.
 • 발효 음식이므로 음식이 숨을 쉴 수 있도록 수건이나 배추 겉잎 등을 이용해 덮는다.
 • 적채와 섞으면 영양 면에서도 보완이 되고 예쁜 색을 낼 수 있다.

뉘른베르크 뒷골목에서
예거슈니첼

슈니첼 재료
돼지고기 등심 300g, 밀가루 80g, 마늘 1작은술, 고춧가루 ½작은술, 달걀 ½개, 우유 60ml, 홀그레인 머스터드 1작은술, 빵가루 350ml(생략 가능), 소금 한 꼬집, 후추 한 꼬집

예거소스 재료
양파 ¼개, 양송이 120g, 레드와인 2큰술, 고기 육수 240ml, 토마토 페이스트 ½작은술, 버터 1큰술, 밀가루 2큰술, 소금 ½작은술, 후추 한 꼬집, 올리브유 1작은술

사방팔방이 풍요롭다. 온통 훈제 냄새로 가득한 뉘른베르크 뒷골목에서는 왕돈가스가 12마르크다. 정확히 말하면 돈가스가 아니라 슈니첼 Schnitzel 이다. 슈니첼은 돼지고기 안심이나 등심을 스테이크용 망치로 두드려 최대한 넓고 얇게 펴고 밀가루와 달걀 반죽, 빵가루를 잘 발라 튀겨낸 것이다. 일본의 메이지 유신 당시 만들어졌다고 하는 돈가스는 미국에서는 포크커틀릿, 유럽에서는 슈니첼이라고 부르며 그 기원도 서로 다르다. 이들은 비슷해 보이지만 지역에 따라 조금씩 맛의 차이가 있다. 일본의 돈가스가 손바닥처럼 두툼하고 약간 길쭉하다면, 독일의 슈니첼은 거대한 크기를 자랑하며 겉면이 얇고 바삭하다. 유럽에서는 돼지고기뿐만 아니라 송아지, 닭, 칠면조 등 고기 종류에 상관없이 비슷한 레시피로 만든 요리를 슈니첼이라고 통칭한다. 시중에서 파는 돈가스와 슈니첼은 다르니 슈니첼부터 준비하고 감칠맛 나는 예거소스를 곁들여보자.

슈니첼 How to

01 밀가루, 고춧가루, 마늘, 후추, 소금을 섞는다.
02 다른 볼에 달걀, 우유, 홀그레인 머스터드를 섞는다.
03 돼지고기를 두드려 최대한 얇게 펴고 01을 묻힌 뒤 02에 담근 다음 빵가루를 묻혀 5분간 냉동실에 둔다.
04 오븐 트레이에 기름칠을 하고 슈니첼을 담아 180℃ 오븐에서 한 면당 각 6분, 4분씩 굽는다.

예거소스 How to

01 양파는 다지고 양송이는 먹기 좋게 썬다.
02 팬에 버터를 녹여 양파를 5분간 볶다가 양송이를 넣고 3분간 더 볶는다.
03 밀가루를 잘 섞어 2분간 볶은 다음 와인, 육수, 토마토 페이스트를 넣고 중불에서 끈끈해지도록 저으며 5분간 끓인다.

TIP • 팬 바닥에 눌어붙은 것이 소스 전체에 스며들도록 잘 젓는다.

프랑스의 깊은 맛
뵈프 부르기뇽

재료 1
쇠고기 양지 350g, 밀가루 1큰술, 오렌지 주스 340ml, 피노누아 와인 50ml, 올리브유 1작은술

재료 2
베이컨 75g, 올리브유 1큰술, 소금 ½작은술, 후추 ½작은술, 당근 150g, 양파 1개, 다진 마늘 1작은술, 코냑 40ml, 피노누아 와인 250ml, 타임 ½작은술, 고기 육수 160ml, 토마토 페이스트 2작은술, 월계수 잎 2장, 밀가루 1큰술

재료 3
버터 1큰술, 양파 450g, 양송이버섯 150g, 피노누아 와인 30ml, 생파슬리 30ml

손목 두께만 한 한우 양지 2덩어리, 라구소스용 다진 쇠고기와 돼지고기를 한꺼번에 사니 넉넉했던 지갑이 금세 가벼워진다. 머릿속에는 이미 프랑스의 어느 작은 마을에서 100년 전부터 전해 내려왔다는 레시피보다 맛있는 뵈프부르기뇽Boeuf Bourguignon이 보글보글 끓고 있다. 장을 마저 본 뒤 앞치마를 둘러매고 옷장만 한 주방에 들어선다. 뛰어난 품질의 피노누아 와인을 개봉하니 원숙하고 은은한 향이 온 주방에 퍼진다. 젖은 행주를 깔고 도마를 올린다. 이렇게 하면 두꺼운 재료를 손질할 때 도마가 움직일 염려가 없다. 나주산 한우 양지 2덩어리를 먹기 좋은 크기로 쓱쓱 썬다. 2덩어리가 4덩어리, 8덩어리로 점점 늘어나는 것을 보니 얼른 구워서 입안에 넣고 싶은 욕구가 치솟는다. 스튜를 끓이려면 육수와 와인이 필요하므로 오븐에서 사용할 수 있는 오목한 팬을 꺼낸다. 센 불에 달군 팬에 살짝 기름을 두르고 고기를 볶으니 고소한 냄새가 코끝을 찌른다.

뵈프부르기뇽의 또 다른 이름은 뵈프버건디Boeuf Burgundy이며 부르고뉴 지방의 드라이한 와인으로 끓인 쇠고기 스튜를 뜻한다. 쇠고기 스튜이지만 고소한 맛을 내기 위해 베이컨이나 돼지고기를 섞는 경우가 일반적이다.

뵈프부르기뇽은 조리 시간도 오래 걸리고 손이 많이 가기 때문에 프렌치 레스토랑에서는 하루에 일정한 양을 준비해놓고 판매한다. 그래서 서두르지 않으면 맛을 보기 힘들 정도로 금방 동이 난다. 이 요리의 맛은 쇠고기와 와인의 품질에 달려 있다고 해도 과언이 아니기 때문에 주머니를 있는 대로 털어 나주산 한우와 피노누아 와인을 구입했다. 쇠고기는 사태나 양지 부위가 적당하며 와인은 브루고뉴산 피노누아 100%로 준비한다. 피노누아 와인은 요리에 사용하기에는 아까울 정도로 값이 비싸다. 이 포도 품종은 재배하기가 힘들어 와인으로 만들어내기까지 꽤나 정성과 시간을 들여야 하기 때문이다. 미숙한 피노누아는 여느 와인처럼 과일 향이 풍부하지만 숙성이 되면 완숙한 고기 향이 나기 때문에 쇠고기와 함께 요리하면 천상의 맛을 선사한다. 값이 저렴하거나 피노누아가 아닌 다른 종의

와인으로는 뵈프부르기뇽 본연의 맛을 낼 수 없다. 볶은 고기에 와인을 부으니 고기도 신이 났는지 들썩거린다. 오븐에 넣고 약 3시간이 지나면 인고한 시간만큼 값진 대가가 주어질 것이다.

| How to |

01 핏물을 뺀 쇠고기에 밀가루를 묻히고 오렌지 주스, 피노누아 와인, 올리브유를 넣어 삶는다.
02 베이컨은 삶아서 기름기를 제거한다.
03 올리브유를 두르고 베이컨, 쇠고기를 넣어 함께 볶는다.
04 볶은 베이컨과 쇠고기는 옮겨두고 같은 팬에 당근, 양파, 소금, 후추를 넣고 중불에 7분간 볶다가 다진 마늘을 넣고 볶는다.
05 04에 베이컨과 쇠고기, 타임을 넣어 3분간 볶는다.
06 토마토 페이스트, 육수, 피노누아 와인, 코냑을 넣고 잘 섞는다. 월계수잎을 넣은 다음 끓기 시작하면 뚜껑을 덮어 170℃ 오븐에서 2시간 30분간 조리한다.
07 그 사이 팬에 버터를 넣고 먹기 좋게 썬 양파와 버섯을 소금과 후추로 간하여 약불로 7분간 볶는다.
08 07에 피노누아 와인과 파슬리 15ml를 넣고 물기가 사라질 때까지 약불에 볶는다.
09 스튜가 완성되기 5분 전, 06에 볶은 양파와 버섯, 밀가루 1큰술을 골고루 섞은 다음 5분 동안 조리하여 꺼낸다.
10 남은 파슬리를 뿌려 밥이나 빵에 곁들여 먹는다.

뵈프부르기뇽과 비슷하지만 좀 더 간단하게 만드는 와인 요리

불가리아 비넨 케밥은 뵈프부르기뇽과 아주 비슷하다. 케밥^{Kebap}은 아랍어 카바브^{Cabob}에서 유래한 단어로 중앙아시아의 유목민들이 초원과 사막을 누비며 양고기를 간단히 조리해 먹던 것이다. 일반적으로 알려진 케밥은 꼬챙이에 꽂아 굽는 되네르를 얇게 썰어 넓적한 피데에 싸 먹는 것이지만, 세계의 여러 나라에 각각의 조리법이 있다. 불가리아에서는 고기를 넣은 스튜를 케밥이라고 한다. 불가리아 사람들은 전통적으로 요리에 와인을 즐겨 사용하는데, 바로 비넨 케밥이 와인을 넣고 끓인 케밥이다. 뵈프부르기뇽보다 요리 시간도 짧고 방법도 간단하다.

불가리아 비넨 케밥

재료 쇠고기 300g, 카놀라유 1큰술, 양파 1개, 당근 ½개, 전분 1작은술, 토마토 페이스트 1작은술, 풀바디 레드와인 100ml, 고기 육수 240ml, 월계수잎 1장, 생파슬리 약간, 소금 한 꼬집, 후추 한 꼬집

01 쇠고기를 소금과 후추로 간한 뒤 먹기 좋게 잘라 밀가루를 묻혀 굽는다.
02 양파와 당근을 볶다가 고기 육수, 토마토 페이스트, 월계수잎을 넣고 약불에 20분간 끓인다.
03 풀바디 레드와인과 전분을 넣고 10분간 끓여 적당히 졸면 밥과 함께 낸다. 이때 파슬리로 장식해준다.

수줍은 소녀의 프렌치 테이블

양송이버섯 크림치킨

재료
닭가슴살 260g, 버터 30g, 위스키 2큰술, 소금 한 꼬집, 후추 한 꼬집

소스 재료
버터 30g, 다진 마늘 1큰술, 양송이버섯 3개, 양파 1개, 생크림 120ml, 우유 100ml, 발사믹식초 1큰술, 올리브유 1큰술, 소금 두 꼬집, 후추 한 꼬집

프렌치 레스토랑에 처음 갔을 때를 기억하는가? 수줍은 소녀의 볼을 닮은 발그레한 빛깔의 로제와인이 놓이고 버터를 아낌없이 넣어 구운 예술 요리가 코스별로 하나씩 등장한다. 한 입마다 너무 소중해 눈을 감고 음미하면 모든 음식이 설탕처럼 혀에서 녹아내린다. 한 입마다 소중히 먹는 것은 좋지만 게 눈 감추듯 줄어드는 요리의 양에 아쉬운 마음이 크다. 하지만 실제 프랑스에 가보면 양이 그렇게 적지는 않다. 아낌없이 재료를 넣어 오히려 풍성하게 내어준다.

이번에 도전할 요리는 버섯, 크림소스, 닭고기가 절묘한 삼박자를 이루는 푸짐한 프랑스 가정식이다. 평이한 재료들에 깊은 풍미를 더해주기 위해 위스키를 추가해본다. 맛에 끼치는 영향은 미미할지 모르나 한 입 두 입 먹다 보면 시골 닭에서 우아한 풍미가 느껴질 것이다. 평소 소스를 듬뿍 찍어 먹는 편이라면 소스의 양을 2배로 해도 좋다. 이 크림소스에 해산물이나 각종 버섯류를 듬뿍 넣어 파스타를 해서 먹어도 맛이 그만이다.

| How to |

01 닭가슴살은 사선으로 칼집을 내어 소금과 후추로 간한다.
02 팬에 버터를 녹여 중불에서 닭가슴살을 3~4회 뒤집으며 굽다가 다 익으면 위스키 2큰술을 넣고 불을 끈다. 기름이 많이 튀니 포일을 덮어 조리한다.
03 소스를 만들기 위해 다른 팬에 버터와 다진 마늘을 넣고 30초간 볶는다.
04 채 썬 버섯과 양파를 넣고 숨을 죽인 다음 후추, 소금, 발사믹식초를 넣는다.
05 04에 올리브유, 생크림, 우유 순으로 넣고 끓인다.
06 구운 닭가슴살을 넣고 중불에 2분간 졸인다.

샤넬보다 프라이팬이 좋아!
프로방스풍
생선 조림

재료 🥣
스테이크용 생선 1마리, 카놀라유 2큰술, 올리브유 2큰술, 밀가루 2큰술, 소금 한 꼬집, 후추 한 꼬집, 파프리카 120g, 마늘 2개, 양파 50g, 피클 3조각, 방울토마토 5개

소스 재료 🥣
토마토소스 50ml, 화이트와인 120ml, 소금 한 꼬집, 후추 한 꼬집

파머스 마켓에 들어서자 가슴이 쿵쾅쿵쾅 요동친다. 갓 구워 나온 빵에서 고소한 냄새가 모락모락 피어나고 탱탱하게 수분을 머금은 야채와 과일이 가득하다. 유리병에 담긴 올리브가 무려 20종류 이상이고 단돈 2달러만 내면 농부가 직접 재배한 체리를 세숫대야만큼 큰 통에 담아준다. 생전 보지도 못한 치즈들이 고약한 냄새를 풍기고 있지만 그 앞은 인산인해다.

식료품점을 지나 조리 도구가 즐비한 구역으로 들어섰다. 뚜껑의 무게가 돌처럼 무거워서 가마솥 효과를 내는 냄비가 색깔별로 진열되어 있다. 한국의 절반에도 못 미치는 가격표를 보고 냄비 앞을 수십 번도 더 왔다 갔다 하는데 나의 애틋한 몸짓을 본 것인지 인파가 몰려든다. 다들 부엌에 들어서면 길게 설명하지 않아도 알아서 척척 해내는 조수를 구하기 위해 눈을 빠르게 굴린다. 빨리 결정하지 않으면 이 똑똑한 냄비를 평생 보지 못할지도 모르겠다. 급한 마음에 얼른 2개를 구입했다.

'하나는 언니한테 선물해야지!'

마음이 뿌듯한 걸 보니 충동구매는 아닌가 보다.

10m도 채 걷지 않았는데 달걀을 깨뜨려 넣기만 하면 팔이 빠지도록 저을 필요 없이 자동으로 거품이 부풀어 오른다는 프랑스제 스탠드믹서 앞에서 발길이 떨어지지 않는다. 단언컨대 돈에 구애받지 않는다면 요리를 하는 데 유리한 것이 틀림없다! 멋진 요리를 만들어낼 수 있는 편리한 조리 도구를 기능별로 하나씩 갖고 있다면 얼마나 좋을까? 영국 왕실에 납품되는 고급 조리 도구로 가득 찬 부엌을 상상하며 잠시 몽롱해졌다.

그러나 나는 알고 있다. 레이먼드 블랑 Raymond Blanc 같은 세계적인 요리사의 주방이나 할리우드 스타를 대상으로 한 요리 교습소가 아닌 이상 그런 부엌의 주인이 된다는 것은 조금은 허황된 꿈이라는 것을. 그래도 기죽지 않는다. 중요한 사실은 내가 좋은 식재료를 구하기 위해 발품을 파는 데 꽤나 부지런하며, 필요한 고

급 조리 도구를 사기 위해 얼마든지 돈을 지불할 용의가 있다는 것이다! 배터리 없이 초침이 가는 스위스산 시계보다 2차원적 행성 운동을 하는 믹서의 고급스러운 기능에 솔깃해진다. 진보된 기술을 갖춘 기구를 구매함으로써 내 요리가 발전하고 그 요리가 그 어떤 것보다 내 정체성을 잘 표현해주리라 믿는다. 이번에는 기름을 두르지 않아도 들러붙지 않는다는 프라이팬으로 프로방스 생선 요리를 해보려고 한다.

| How to |

01 물기를 제거한 생선을 반으로 갈라 뼈를 발라내고 12cm 정도 크기로 다듬어 300g씩 2조각으로 나눈다.
02 소금과 후추로 간한 다음 밀가루를 골고루 입힌다.
03 카놀라유를 두르고 생선을 포일로 덮어 5분간 노릇노릇하게 굽는다.
04 다른 팬에 올리브유를 둘러 잘게 썬 양파, 파프리카, 마늘을 중불에 볶는다.
05 방울토마토는 반으로 잘라 넣고 잘게 썬 피클과 소스 재료, 구운 생선을 넣어 센 불로 끓인다.
06 끓기 시작하면 뚜껑을 덮고 약불에 20분간 졸인 후 식혀 먹는다.

TIP • 스테이크용 생선으로는 삼치, 대구, 우럭 같은 흰살생선이 좋다.
• 토마토소스가 없으면 케첩 2큰술을 넣어도 된다.

파머스 마켓에 들어서자 가슴이 쿵쾅쿵쾅 요동친다. 갓 구워 나온 빵에서 고소한 냄새가 모락모락 피어나고 탱탱하게 수분을 머금은 야채와 과일이 가득하다.

음악이 흐르는
오스트리아

"저는 장크트 길겐의 사계절을 닮았어요. 풋풋하면서도 장대하죠."

　카를리가 태어난 오스트리아의 장크트 길겐Sankt Gilgen은 4월이면 향긋한 봄꽃이 흐드러지게 피어 온 마을이 향기로 가득 찬다. 뒤로는 만년설의 알프스가 솟아 있고 앞으로는 에델바이스가 가득 핀 볼프강Wolfgang 호수가 펼쳐지니 감히 흉내 낼 수 없는 사계 속 천혜의 아름다움이다. 그녀는 모차르트의 어머니가 살았던 이 조그만 마을에서 태어난 것을 매우 자랑스러워했다. 음악 대학에 진학한 그녀는 빈에 있는 삼촌 집에 머물고 있다. 오스트리아에서는 거리의 악사를 스트라센무지칸트Straßenmusikant 라 부르는데 거리에 놓인 피아노는 그들의 차지다. 유장하게 울리는 건반 소리에 길 가던 사람들도 모두 멈춰 귀를 쫑긋거린다. 저녁 시간이 되면 거리의 골목 모퉁이마다 매콤한 소시지를 굽는 냄새가 코끝을 자극한다. 길거리에서 공연하던 연주가들도 그 시간이면 어느새 식당으로 사라지고 없다. 카를리와 그녀의 삼촌 프란체는 노란색 벽면이 꽃으로 장식된 한 식당에 들어섰다. 오늘로 15주년을 맞이하는 모임을 축하하기 위해서다. 프란체는 이 모임의 창단 멤버이자 핵심층이다. 1년 전 조카를 '음악 요정'으로 키우겠다는 삼촌 손에 이끌려 카를리도 이 모임의 일원이 되었다. 그 후 벌써 후배가 3명이나 들어왔는데 그중에는 카를리보다 무려 마흔 살이나 많은 분도 있다. 식당 안은 삼각뿔 모양의 지붕 아래 어두운 램프 등이 아슬하게 매달려 깜빡이고 어슴푸레 보이는 허름한 식당의 벽면은 온통 유명 인사의 사진으로 도배되어 있다. 맛으로는 꽤나 유명한 곳인 듯했다.

　사람들은 서로 가볍게 목례를 하고 자리에 앉았다.

　모두가 착석하고 나서야 식사가 시작되었다. 발사미코 향이 새콤하게 배어 있는 포크 메달리온이 식탁에 놓였다. 적포도를 오랜 시간 발효시켜 만든 비네거에 돼지안심을 조린 요리다. 그 향이 몹시 강해 부드러운 고르곤졸라 크림소스를 곁들여 먹기도 하고 머스터드 소스를 찍어 먹기도 한다. 이번 모임에도 뷔너 슈니첼은 어김없이 등장했다. 접시가 넘치도록 담긴 슈니첼에 레몬 1개는 역부족이다. 카를리는 바삭한 슈니첼에 어울리는 알므두들러^{Almdudler}를 주문한다. 허브 향이 향긋한 이 애플소다는 청량감이 좋아 슈니첼처럼 기름기가 많은 음식에 잘 어울린다. 프란체도 크림소스를 듬뿍 끼얹은 포크 메달리온을 한 입 가득 베어 물고는 한 손에 애플소다 잔을 들었다.

이들은 유머 감각이라고는 없는 밋밋한 사람들이지만 담소를 나누며 서로의 유대감을 확인했다. 그때 누군가 제안을 했다.

"잘츠부르크의 모차르트 갈라디너 콘서트에 함께 가시죠?"

갈라디너 콘서트는 고풍스러운 홀에서 오페라나 클래식을 감상하며 즐기는 식사다. 〈마술 피리$^{The\ Magic\ Flute}$〉의 연주가 흐르는 가운데 스튜가 나오고 〈돈조반니$^{Don\ Giovanni}$〉를 감상하고 나서 쇠고기찜을 맛볼 수 있다. 잘츠부르크는 장크트 길겐에서 매우 가까웠지만 카를리는 잘츠부르크를 모차르트 쿠겔의 상술에 물든 장사치의 마을로 치부하며 여행을 미뤄왔다. 모차르트 쿠겔은 오스트리아를 대표하는 초콜릿으로 오스트리아 방문객들은 너 나 할 것 없이 이 초콜릿을 구입한다. 하지만 그녀는 한 해에 200만 개나 되는 초콜릿을 생산하는 그 가게를 원조라고 믿지 않았다.

'100% 수작업에 원조라고 우기는 가게들 사이에서 분위기에 휩쓸렸다가는 나도 모르게 손에 초콜릿 상자를 들고 있을지도 몰라. 절대 넘어가지 않을 거야!'

카를리는 다짐하며 손을 번쩍 들었다.

밤이 깊어가는 줄도 모른 채 여행에 대한 이야기를 나누다 보니 어느덧 식탁에는 회색의 식탁보만 남았다. 프란체는 이미 슈납스^{Schnapps}를 여러 병 마셔서 얼큰하게 취했다. 만년설의 알프스를 등반할 때 체온을 유지하기 위해 한 잔씩 마시는 술을 앉은 자리에서 후루룩 마셔버렸으니 그럴 만도 하다. 카를리는 멜랑쉬^{Melange}를 주문했다. 쓰디쓴 커피와 아이스크림, 달콤한 크림이 절묘한 앙상블을 이루는 이 음료는 오늘 같은 하루를 마무리하기에 완벽했다.

"15주년을 축하합니다."

"다 함께 연주해요."

카를리와 할아버지 악사들은 흥이 나 연주를 시작했고 그렇게 빈의 작은 식당에서는 즉석 음악회가 열렸다.

오스트리아에서는 거리의 악사를 스트라센무지칸트라 부르는데 거리에 놓인 피아노는 그들의 차지다. 유장하게 울리는 건반 소리에 길 가던 사람들도 모두 멈춰 귀를 쫑긋거린다.

발사미코가 코끝을 간지럽히는
포크
메달리온

재료

돼지고기 안심 400g, 밀가루 2큰술, 올리브유 1큰술, 소금 ½작은술, 발사믹식초 3큰술, 치킨 육수 160ml, 케이퍼 2큰술, 레몬 제스트 1작은술, 후추 한 꼬집

포크 메달리온 Pork Medallions은 동그랗게 잘라 구운 돼지안심에 고르곤졸라 치즈와 버섯으로 만든 크림소스나 포트와인 소스 또는 겨자소스나 케이퍼 소스를 곁들여 먹는 오스트리아 대표 음식이다. 겨자나 케이퍼로 만든 소스는 돼지고기의 느끼한 맛을 잡는 데 적절하지만, 역시 포크 메달리온과 환상의 궁합을 자랑하는 소스는 허벅지 모양의 버섯을 듬뿍 넣은 풍기 크레마 Funghi Crema나 치즈를 듬뿍 넣고 졸인 고르곤졸라 크림소스다. 오랜 시간 발효한 발사믹식초에 절였다가 구운 돼지안심에 상큼한 케이퍼와 레몬 제스트를 넣고 재빨리 볶으면 돼지고기 본연의 풍미가 살아난다.

| How to |

01 밀가루, 소금, 후추를 섞어 각 200g씩 나눈 돼지고기에 입힌다.
02 올리브유를 두르고 중불에 한 면당 4분간 익힌다.
03 02에 발사믹식초, 케이퍼, 육수를 넣고 중불에 3분간 졸인다.
04 레몬 제스트를 넣고 끈끈해지면 완성이다.

Part 01. 집밥이 좋은 이유 • 081

보헤미안처럼 요리하기

오스트리아식
시금치 크림연어

재료
연어 200g, 레몬즙 3큰술, 감자 400g, 버터 2큰술, 올리브유 1큰술, 시금치 50g, 발사믹초 1작은술, 바질 가루 1작은술, 소금 한 꼬집, 후추 한 꼬집

소스 재료
버터 1큰술, 양파 ¼개, 다진 마늘 1작은술, 우유 240ml, 생크림 60ml, 밀가루 1큰술, 소금 ½작은술, 후추 한 꼬집, 파르메산 치즈가루 30ml, 화이트와인 50ml

푸른 대리석 식탁 면과 원목 다리가 어우러진 테이블에 앉아 보헤미안 스타일의 요리를 먹고 있다면 그곳은 아마도 오스트리아일 것이다. 오스트리아는 지리상으로 독일과 헝가리가 양 어깨를 감싸고 이탈리아가 마주 보이는 위치에 자리 잡아 자연스럽게 요리의 색채가 섞여 있다. 모차르트가 즐겨 먹었다는 카이저슈마렌Kaiserschmarrn의 경우만 해도 팬 위에서 어느 정도 구워진 팬케이크를 포크 등으로 찢은 다음 슈가파우더를 듬뿍 뿌리고 크랜베리 소스에 찍어 먹는 것으로, 형식에 얽매이지 않는 오스트리아의 스타일을 보여준다.

How to

01 연어에 소금, 후추, 레몬즙을 뿌려 1시간 정도 재어둔다.
02 버터 1큰술을 두르고 먹기 좋게 썬 감자를 소금과 후추로 간해 중불에 10분 이상 볶는다.
03 다른 팬에 올리브유를 둘러 연어를 중약불에서 8분간 굽는다.
04 감자를 볶은 팬에 버터를 넣고 다진 마늘과 양파를 센 불에서 2분간 볶다가 화이트와인을 붓는다.
05 화이트와인이 증발하면 우유, 밀가루, 생크림, 소금, 후추를 넣고 끓인다. 끓기 시작하면 약불로 줄인다.
06 농도가 진해지면 치즈가루를 조금씩 넣으면서 계속 젓고 시금치를 넣어 1분간 뒤적인다.
07 02를 담고 연어를 올린 다음 소스를 붓고 발사믹초를 살짝 떨어뜨려 마무리한다.

넉넉한 인심의 헝가리 사람들

헝가리
굴라시 수프

재료

쇠고기 목살 200g, 밀가루 1큰술, 올리브유 1큰술, 양파 1개, 감자 1개, 다진 마늘 1큰술, 파프리카 1개, 토마토 1개, 토마토 페이스트 1½큰술, 고운 고춧가루 2작은술, 야채 육수 700ml, 월계수잎 2장, 소금 ½작은술, 후추 ½작은술

헝가리인은 다정하다. 식재료가 풍부한 헝가리에서는 사람들끼리 함께 음식 나눠 먹는 것을 즐기고 양도 그릇이 넘칠 만큼 충분히 담는다. 이런 헝가리인이 좋아하는 요리 중 빼놓을 수 없는 것이 바로 굴라시^{Goulash}다. 굴라시는 '양치기'라는 뜻의 헝가리어 굴야^{Gulya}가 어원으로, 목동들이 초원에서 장작불을 지펴 냄비에 음식을 간단히 끓여 먹었던 데서 유래했다고 한다. 식성에 따라 야채를 선택하고 빨간 파프리카 가루를 풀어 쇠고기와 함께 진하게 우려내면 매콤달콤한 쇠고기 스튜가 완성된다. 싸락눈이 내리는 추운 날에 끓여 먹으면 몸과 마음을 녹이기에 안성맞춤이다.

고기 요리에서 잡냄새를 제거하는 데 효과적인 월계수잎은 굴라시에서 쓰임새의 영역을 확장한다. 굴라시처럼 토마토를 주로 쓰는 요리라면 토마토 양에 맞게 월계수잎을 넣어 신비스럽고도 매혹적인 향미를 낼 수 있다. 만약 토마토보다 다른 야채의 비율이 높다면 월계수잎 대신 셀러리대를 넣어 끓이고 그 잎은 잘게 썰어 완성된 요리 위에 뿌리면 향의 궁합을 더 세밀하게 맞출 수 있다.

굴라시를 만들 때 토마토와 파프리카의 비율을 조절하면 각각 다른 맛이 나며, 그 외에도 어떤 재료를 넣느냐에 따라 다양한 종류의 굴라시가 탄생한다. 감자를 줄이는 대신 독일식 김치 사워크라우트와 사워크림을 넣고 끓인 제클리 굴라시$^{Gulyás\ à\ la\ Székely}$, 레드와인과 양고기를 넣어 만든 양고기 굴라시^{Birkagulyás}가 대표적이다.

'헝가리의 붉은 황금'이라고 불리는 파프리카는 애초에 초록색 파프리카, 즉 피망 단일종으로 헝가리에 전해졌지만 현재는 무려 50여 종이 재배되고 있다. 크기가 작을수록 청양고추처럼 톡 쏘는 매콤한 맛이 나며, 개중에는 입안이 얼얼해질 만큼 매운 것도 있다. 한국 요리에서 고춧가루가 빠질 수 없듯이 헝가리의 가정식에도 여러모로 파프리카 가루가 쓰인다. 헝가리인은 수세기 동안 내려온 전통에 따라 정성스럽게 파프리카를 말려서 가루로 만든다. 막 갈아낸 가루에서는 신선한 향이 난다. 고춧가루는 비교적 향과 맛이 오래가지만 파프리카 가루는 색

과 맛이 쉽게 사라지므로 소량씩 구매해서 쓰는 것이 좋다. 헝가리 엄마들은 아이들을 위해 굴라시의 매운맛을 중화시키고자 사워크림을 넣는다. 부드러운 맛의 굴라시를 즐기고 싶다면 떠 먹는 요구르트를 한 스푼 넣어도 좋다. 헝가리 전통 레시피에서는 카라웨이Caraway와 마요란Majoran이라는 향신료가 가미되지만 국내에서는 구하기 어려운 만큼 생략해도 괜찮다.

| How to |

01 양파는 잘게, 감자와 파프리카는 먹기 좋은 크기로 썬다.
02 쇠고기도 먹기 좋게 썰고 소금과 후추로 간한 다음 밀가루를 가볍게 묻힌다.
03 올리브유를 두르고 중불에 양파와 다진 마늘을 볶는다.
04 토마토 페이스트를 넣고 볶다가 쇠고기와 파프리카를 넣어 센 불에 3분간 볶는다.
05 야채 육수, 월계수잎, 소금, 후추, 고운 고춧가루를 넣고 센 불에서 5분간 자작하게 졸인 다음 감자와 토마토를 넣고 약불에 20분간 농밀하게 끓인다.
06 밥이나 빵과 함께 먹는다.

TIP • 쇠고기 대신 잉어류를 넣으면 헝가리 전통의 할라즐Halaszle, 즉 생선 굴라시가 완성된다.
　　• 식사 때 헝가리산 토가이 와인을 곁들이면 궁합이 좋다.
　　• 고춧가루는 파프리카 가루 대용이므로 너무 매운 것은 피하고 고운 가루를 사용한다.

그리스의
우라노스 할아버지

어릴 때 『어린 왕자 Le Petit Prince』와 함께 늘 끼고 살았던 책은 제우스와 헤라가 등장하는 『그리스 신화 Greek Mythology』였다. 산토리니는 나에게 신과 인간을 이어주는 지구상의 천국이자 비너스와 큐피드가 같이 사는 세계이고 시대의 모태가 되는 뛰어난 문화가 가득 찬 경이로운 곳이었다. 그리스에 대한 이런 몽환적인 느낌은 최근 불거진 그리스의 경제위기 때문에 비 맞은 강아지를 보는 시선이 되고 말았지만, 그래도 여전히 '그리스' 하면 이오니아 해의 코발트블루 빛 바다와 긴 금발의 여신이 유려한 선율로 부주키를 연주하는 모습이 아른거리니 그에 대한 영롱한 이미지는 영원할 듯하다.

오랜 비행을 마치고 시장기가 몰려와 식당가로 들어섰다. 그리스에서는 토마토 없이 아무것도 하지 못한다고 했던가. 그리스 요리 문화에는 큰 기대가 없었건만 그들의 요리에 대한 자부심 앞에 입이 쩍 벌어졌다. 거품이 생기도록 치즈를 충분히 녹인 다음 매운 토마토소스에 새우 등의 해산물과 레몬즙을 넣어 만든 사가나키 Saganaki에 빵을 찍어 먹었을 때 확신했다. 그리스에 온 것은 최고의 결정이었다는 것을. 레스토랑에 앉아 있는 그리스인들은 다소 무뚝뚝해 보였다. 하지만 그런 표정이 고상하기로 소문난 그들만의 품위 유지법일지도 모를 일, 나쁜 생각을 품은 것 같지는 않았다. 사람을 두 종류로 나눈다면 겉은 퉁명스럽지만 속은 따뜻한 부류, 친절하게 보이지만 실상 그 속은 알 수 없는 부류일 텐데 한국인과 그리스인은 전자에 해당되는 듯하다. 고요한 하늘이 일순간 시끌벅적 소란스러워졌다. 풍채 좋은 그리스 할아버지가 연기가 모락모락 나는 화로 앞에서 고기와 야채를 볶아냈다. 그는 즉석에서 그것들을 얇은 빵에 듬뿍 올리고 요구르트처럼 보이는 소스를 얹어 돌돌 말아 건넸다. 그리스의 래핑 푸드 기로스 Gyros라고 했다. 레스토랑 한편에 자리를 잡고 기로스의 맛에 푹 빠져 있는데 노란 베일을 쓴 여인들이 눈에 띄었다.

"예나 지금이나 미인 좋아하는 건 동서양을 막론하고 마찬가지 아닌가? 미인은 자신이 좋아하는 남자를 척척 선택해서 짝을 지었지만 추녀는 남자가 말을 걸어줄 때까지 몇 년이고 기다려야 했어. 그래서 추녀가 남자가 다가오게 하려고 온갖 잠자리 기술을 연마하다가 매춘 사업이 발달하게 된 거라지?"

매춘부들을 바라보며 태연하게 농담을 건네는 할아버지의 입가에 웃음이 번졌고 콧수염은 실룩거렸다. 그리스에서는 성매매가 합법이다. 바람기 많은 제우스가 헤라에게 시달렸기 때문일까? 생명을 낳고 기르는 모성의 신비를 높이 사 아프로디테를 비롯해 여러 여신을 숭상하는 문화와는 너무 대조적이다. 이보다 더 놀라운 사실은 신에게 가장 가까운 땅으로 알려진 아토스 산에 여성 출입이 철저히 제한된다는 것이다. 칼키디키 반도 동쪽에 있는 이 산은 20개의 수도원에 1,700명의 남자 수도사들이 거주하는 그리스 유일의 자치구로 여성은커녕 동물의 암컷도 들어갈 수 없다. 성지 순례에 대한 동경으로 똘똘 뭉친 한 친구도 겨우 입장을 허가받았다. 나는 친구가 수도원에서 먹었다는 렌즈콩 수프를 사진으로 보며 아쉬움을 달래야 했다.

에게 해 위로 저무는 석양에 온 세상이 붉게 물들었다. 저녁 무렵이지만 아직 더웠다. 햇빛을 피해 지붕 모양이 양파를 닮은 건물 안으로 들어가 시원한 샴페인 한 잔을 주문했다.

"샴페인보다 이걸 마셔봐. 산토리니산 최고급 물을 섞었어."

한 할아버지가 와인 색의 음료를 건넸다.

'와인에 물을 섞었다고?'

그리스의 산토리니는 나에게 신과 인간을 이어주는 지구상의 천국이자 비너스와 큐피드가 함께 모여 사는 세계이고 시대의 모태가 되는 뛰어난 문화가 가득 찬 경이로운 곳이었다.

분명 와인인데 밍밍했다.

"물에 와인을 섞으면 큰일 나지. 반드시 와인에 물을 섞어야 하는 거야. 사람들은 보통 1:1로 섞지만 내 비율이 제일 맛있어. 황금비율이라니까. 이건 비밀인데 3:2로 섞는 거야."

술의 신 디오니소스가 이 광경을 보았다면 격노할지도 모를 일이다.

"왜 물을 섞어 마시나요?"

"심포지엄이라고 못 들어봤어? 우리는 옛날부터 와인을 즐겨 마셨지. 취하기는 싫고 계속 이야기는 나누어야 하니 물을 섞어 연하게 마시며 밤을 지새는 거지."

어둠이 깔리고 나뭇잎 색도 깊어졌다. 높은 돔 천장 아래에서 세상의 모든 것을 알고 있을 것만 같은 우라노스 할아버지와 함께 심포지엄은 계속 이어졌다.

산토리니의 석양을 닮은

그리스
무사카

재료 🍵
가지 2개, 다진 쇠고기 300g, 양파 1개, 토마토 소스 2큰술, 토마토 1개, 올리브유 2큰술, 다진 마늘 1작은술, 화이트와인 100ml, 시나몬 가루 ⅓작은술, 월계수잎 2장, 물 80ml, 소금 한 꼬집, 후추 한 꼬집

베사멜 소스 재료 🍵
우유 350ml, 버터 35g, 밀가루 30g, 달걀노른자 1개, 체다치즈 100g, 소금 한 꼬집, 후추 한 꼬집

그리스 산토리니의 골목길 사이를 걷다 보면 염소 젖에서 막 짜낸 듯 신선한 페타치즈를 듬뿍 올린 샐러드와 석양빛의 라자냐를 먹는 이들이 자주 눈에 띈다. 무사카Moussaka의 원류는 중동으로, 식은 음식을 뜻하는 아랍어 'Musakala'에서 유래한 것이다. 하지만 지금 그리스에서는 구운 즉시 따뜻하게 먹는 것이 일반적이다. 그리스의 무사카는 라자냐면 대신 얇게 썬 가지를 넣고 다진 쇠고기와 베사멜 소스를 겹겹이 올려 낸다. 치즈와 화이트소스가 녹아내리는 모습이 먹음직스럽기 그지없다.

How to

01 올리브유를 두르고 마늘과 양파를 센 불에 볶는다.
02 쇠고기를 넣고 소금과 후추로 간해서 잘 볶는다.
03 화이트와인과 월계수잎을 넣고 2분간 끓인 뒤 나머지 재료를 모두 넣어 약불에 20분간 끓인다.
04 가지를 1cm 두께로 자른다.
05 올리브유를 두르고 소금과 후추로 간한 가지를 굽는다.
06 베사멜 소스는 버터를 녹여 밀가루를 넣고 볶은 다음 우유를 조금씩 부어 약불에서 7분간 젓는다.
07 06에 체다치즈 40g을 넣고 소금과 후추로 간한 다음 불을 끄고 5분 후에 달걀노른자를 넣고 젓는다.
08 오븐은 200℃로 예열한다.
09 오븐 그릇에 가지, 고기, 베사멜 소스 순으로 반복해서 얹고 가장 상단에 여분의 체다치즈와 베사멜 소스를 듬뿍 올려 15분간 굽는다.

버섯과 치즈만 주세요

그리스
도리아

재료

굴소스 2큰술, 홀그레인 머스터드 ½작은술, 밥 2공기, 돼지고기 150g, 다진 마늘 1큰술, 후추 한 꼬집, 모차렐라치즈 100g, 파프리카 ¼개, 양파 ¼개, 감자 ¼개, 사과 ¼개, 올리브 4개, 올리브유 2큰술

볶음밥의 맛을 판가름하는 것은 요리사의 화공 능력이다. 밥알이 눅진하지 않고 고슬고슬하도록 볶되, 씹을 때 낱알로 흩어지지 않고 고루 뭉쳐져야 한다. 맛있게 볶은 밥에 모차렐라치즈와 빵가루를 뿌려 200℃ 오븐에 짧게 구워내는 도리아Doria는 그라탕Gratin과 비슷하다. 재료는 개인 기호에 맞추거나 냉장고에 남은 야채와 고기를 사용해도 된다. 버섯 한 가지만 넣어서 볶은 도리아도 훌륭하다.

| How to |

01 사과, 야채, 고기는 잘게 채 썬다.
02 올리브유 1큰술을 두르고 야채와 과일을 볶는다.
03 다진 마늘, 돼지고기를 넣고 후추를 뿌린다.
04 굴소스와 홀그레인 머스터드를 넣고 섞은 다음 올리브유 1큰술과 밥 2공기를 넣어 센 불에 볶는다.
05 볶은 밥을 그릇에 담고 치즈를 뿌려 200℃ 오븐에서 8분간 굽는다.

제발 슬리만을 웃게 해줘
모로코
쿠스쿠스

재료

쿠스쿠스 100g, 병아리콩 1캔(240g), 올리브유 1작은술, 소금 1작은술, 후추 한 꼬집, 닭가슴살 200g(생략 가능), 닭 육수 280ml, 생파슬리 2큰술, 양배추 200g, 당근 1개, 건살구 50g

북아프리카의 붉은 보석이라 불리는 모로코는 황량하고 척박한 사하라 사막을 끼고 있는 만큼 물이 아주 귀한 나라다. 그래서 모로코 원주민은 아주 적은 수분으로도 조리할 수 있는 타진을 이용한다. 타진은 모로코어로 냄비라는 뜻이며 뚜껑이 키세스 초콜릿처럼 생겼다. 뚜껑의 높이와 형태가 식재료에서 나온 수증기를 순환시키는 데 효율적이어서 적은 양의 물과 기름으로도 요리가 가능하며 영양소의 파괴를 최소화해 건강한 요리를 만들 수 있다.

한 가지 기쁘지 않은 소식은 타진 요리를 시도하기 위해서는 재료도 재료거니와 식기부터 구입해야 한다는 사실이다. 생소한 요리 하나를 위해 투자하기는 조금 부담스럽다. 다행히도 모로코인이 사랑하는 요리 중에 타진 요리를 능가하는 것이 있다. 바로 세계적으로 유명한 쿠스쿠스Couscous 요리다. 쿠스쿠스는 씨앗 모양의 파스타면으로 파스타면 중에서 가장 작다. 쌀알과 비슷해 보이지만 단백질 함량이 높은 세몰리나로 만들어 맛이 고소하고 식감도 일품이다. 다른 파스타처럼 삶을 필요도 없이 컵라면을 끓일 정도의 뜨거운 물만 부으면 바로 익고, 주재료를 무엇으로 하느냐에 따라 다양한 요리로 변형이 가능하다. 양고기를 넣으면 양고기 쿠스쿠스, 생선을 넣으면 생선 쿠스쿠스가 되는 것이다. 이 매력적인 요리는 13세기부터 모로코인뿐 아니라 북아프리카인의 피와 살을 만들었다고 해도 과언이 아닐 만큼 그들의 전통적인 주식으로 끼니를 담당해왔다. 2007년 튀니지인 감독이 만든 프랑스 영화 〈생선 쿠스쿠스The Secret of the Grain〉에 쿠스쿠스 요리에 대한 북아프리카인의 깊은 애정이 잘 드러난다.

주인공인 슬리만은 아랍계 튀니지인으로 프랑스로 이민 왔다. 그는 쿠스쿠스를 맛있게 만들던 이혼한 아내의 솜씨를 살려 낡은 배에 쿠스쿠스 식당을 열기로 한다. 그의 친구들은 너무나도 소박한 쿠스쿠스 요리로 레스토랑을 열고자 하는 슬리만이 이해가 되지 않는다. 그러나 쿠스쿠스는 그에게 이혼으로 엉망이 된 가정을 하나로 뭉치게 하는 힘을 지닌 요리였다. 영화에서 3대가 한 식탁에 도란도란

할라피뇨를 오소소 떨어뜨린
남아프리카공화국 차카라카

재료

파프리카 1개, 당근 ½개, 양파 ½개, 토마토 1½개, 매운 카레가루 1작은술, 고춧가루 1작은술, 베이크드 빈스(통조림) 100g, 토마토 페이스트 20g, 올리브유 2큰술, 다진 마늘 1작은술, 완두콩 50g, 고기 육수 300ml, 소금 ½작은술, 후추 한 꼬집

"어떤 맛일까?"

귀엽고 재미있는 어감이 돋보이는 차카라카 Chakalaka는 요하네스버그에서 처음 시작되어 여러 가지 레시피로 변형된 요리로, 남아프리카공화국의 일반 가정에서 빵에 곁들여 먹는 매콤한 맛의 야채 스튜다.

"이름만 번지르르하지 다 같은 토마토 스튜 아니야?"라고 말하는 이도 있을 것이다. 주재료는 비슷하지만 각 나라마다 끓이는 방식, 물의 농도, 추가하는 야채의 종류에 따라 그 맛은 신기할 만큼 천차만별이다.

이 요리의 이름을 듣는 순간 목도하는 원주민의 모습이 떠오른다. 그들은 자작자작 타오르는 장작더미 위에 목도채에 메고 온 냄비를 내려놓고 불 주변을 돌며 엉덩이를 들썩거리다가 뜰에 열린 할라피뇨를 따서 스튜에 오소소 떨어뜨린다. 그들이 장작불 주위를 몇 바퀴 돌고 나면 그 사이 스튜가 완성될 것이다. 이 스튜는 이름만큼이나 맛도 매력적이다. 끓어서 농밀해진 토마토와 파프리카가 입안에서 부드럽게 감기고 식도를 넘어갈 때는 야채의 고급스러운 달콤함이 코끝을 휘감는다. 차카라카는 뜨겁게 끓여내자마자 밥에 부어 먹거나 빵을 찍어 먹어도 좋고 차갑게 식혀 향을 음미하며 떠먹어도 좋다.

| How to |

01 올리브유를 두르고 토마토를 제외한 야채를 잘게 다져 볶는다.
02 토마토 페이스트, 고춧가루, 카레가루, 마늘을 물에 잘 풀고 센 불에 3분간 끓인다.
03 잘게 썬 토마토와 베이크드 빈스, 완두콩을 넣고 중불에 5분간 끓인다.

마음이 따뜻한 터키 사람들
터키 소야
소슬루 타욱

재료

닭 안심 250g, 피망 70g, 양파 ⅓개, 밀가루 2큰술, 올리브유 2큰술, 간장 1½작은술, 다진 마늘 1작은술, 후추 ½작은술, 소금 한 꼬집, 야채 육수 200ml, 우유 150ml, 생크림 50ml, 레몬즙 1작은술

"메르하바 Merhaba, 안녕하세요."

지구상에는 동양과 서양, 그리고 터키가 있다는 말이 있다. 터키인은 콧대가 알프스 산맥처럼 오뚝하다. 하지만 집에 들어갈 때 신발은 문 한편에 벗어놓는다. 이처럼 터키의 정체성은 서양인지 동양인지 애매하다. 그렇지만 터키 요리는 당당히 세계 3대 요리에 올라 있다. 거기에는 콘스탄티노플 제국의 유복한 역사와 카파도키아의 기암괴석만큼 무수히 많은 식재료도 한몫했겠지만 정작 세계 미식가들을 사로잡은 것은 터키 요리의 맛과 건강함이 균형을 이룬다는 점이 아닐까 싶다.

터키 요리 중 케밥과 필라프는 한국인에게도 잘 알려져 있다. 터키의 케밥은 꼬챙이에 끼워 불에 구운 고기를 여러 가지 다른 음식에 곁들여 먹는다. 필라프는 쌀이나 중동산 밀을 기름이나 버터에 볶은 다음 육수에 조리한 것이다.

터키 가정의 식탁에 흔히 오르는 음식 중 소야 소슬루 타욱 Soya Soslu Tavuk이 있다. 터키어로 소야 소슬루 Soya Soslu는 간장 소스, 타욱 Tavuk은 닭고기다. 터키에서는 닭고기에 간장 소스를 발라 잔잔한 불에 구워 먹기도 하고 우유를 섞어 부드럽게 조리하기도 한다. 소야 소슬루 타욱은 사프란 가루를 흩뿌린 듯, 강황을 갈아넣은 듯 부드러운 노란빛이 돈다. 하지만 간장 외에 별다른 향신료는 쓰지 않는다.

처음 터키에 발을 디뎠을 때는 거리에 보이는 사람이 온통 수염이 덥수룩한 남자뿐이어서 햄버거를 하나 주문하기조차 두려울 정도였다. 그러나 터키 사람들은 매우 친절했다. 탁심 광장에서 돈두르마 Dondurma를 먹고 있는데 턱시도를 깔끔하게 차려 입은 할아버지 20여 명이 눈에 띄었다. 그 분들은 한국전쟁에 참전했던 터키 용사들로 오늘이 마침 1년마다 열리는 정기 모임이라고 했다. 할아버지들은 내가 한국에서 왔다고 하자 주위로 몰려들어 사진을 같이 찍자며 반가워했다. 누가 현지인이고 관광객인지 헷갈렸을 정도다.

한 할아버지는 가슴에 단 훈장을 자랑스럽게 들어 보였다.

"한국에서 준 겁니다. 죽기 전에 한국에 다시 가볼 수 있으면 참 좋겠어요."

할아버지의 눈에 어린 따뜻함과 진심에 한동안 그 자리를 뜰 수 없었다.

한번은 이런 일도 있었다. 땅거미가 뉘엿해질 즈음 파묵칼레에서 길을 잃고 말았다. 당황한 내게 동네 사람들이 한두 명씩 모여들었다. 호텔 이름이 적힌 종이를 잃어버려 건물이 상아색이고 5층이라는 것을 알려주자 그들은 오토바이를 타고 뿔뿔이 흩어져 위치를 알아봐주었다. 그들 덕분에 저녁 식사 시간에 맞춰 숙소에 도착할 수 있었다. 처음 도착했을 때는 빨리 떠나고 싶었으나 시간이 지날수록 사람들의 진심 어린 마음에 반해 도저히 발길이 떨어지지 않는 나라가 바로 터키다.

| How to |

01 닭 안심을 먹기 좋은 크기로 잘라 간장과 기름에 재어둔다.
02 야채도 먹기 좋은 크기로 자른다.
03 닭 안심을 센 불에 3분간 볶는다.
04 양파, 피망 순으로 넣어 소금과 후추로 간하고 3분간 볶는다.
05 레몬즙과 밀가루를 넣고 볶는다.
06 우유, 육수, 마늘, 생크림을 넣고 중불에 10분 이상 끓인다.

터키 요리가 당당히 세계 3대 요리에 올라 있는 데는 콘스탄티노플 제국의 유복한 역사와 카파도키아의 기암괴석만큼 무수히 많은 재료가 한몫했을 것이다.

중동의 대표적 콩 요리
레바논 후머스

재료 🍵
병아리콩(통조림) 250g, 볶은 참깨 2큰술, 참기름 1작은술, 마늘 2쪽, 올리브유 1큰술, 레몬즙 2큰술, 물 4큰술, 고춧가루 1작은술, 소금 ½작은술

병아리콩이라는 이름이 왠지 정겹다. 하지만 한국인 중에는 이런 음식은 먹어본 적도 없고, 아니 이름조차 처음 들어본다고 말할 사람도 꽤 있을 정도로 낯선 재료다. 중동에서는 거래되는 양이 어마어마하며 인도에서는 가장 많이 재배되는 곡물 중 하나이지만 유통 과정상 품질을 유지하기가 쉽지 않아 한국에서는 대형 마트를 통해 통조림으로만 구할 수 있다. 단백질과 식이섬유가 풍부할 뿐만 아니라 식감이 비슷한 캐슈넛에 비해 칼로리는 약 4분의 1밖에 되지 않아 사랑받을 자격이 충분한 재료다. 후머스Hummus는 병아리콩을 익혀 으깬 후에 레몬즙과 참깨 소스를 섞어 만든다. 이 부드러운 페이스트를 시리아 브레드에 발라 먹으면 천국이 따로 없다. 병아리콩이 없어도 캐슈넛이나 마카다미아 혹은 아몬드를 이용해서 충분히 훌륭한 후머스의 맛을 낼 수 있다. 실제로 미국에서는 병아리콩 대신 구하기 쉬운 견과류를 이용해 소박한 향미의 후머스를 만든다.

음식은 그 기원과 소유권 면에서 불분명한 부분이 많아 국가 간 분쟁의 씨앗이 되기도 한다. 이스라엘인과 레바논인 사이에 후머스는 아주 예민한 주제다. 이스라엘에서 후머스는 매일 식탁에 오를 만큼 대중적인 사랑을 받고 있다. 하지만 레바논인들은 이를 못마땅하게 여긴다. 이스라엘인들이 레바논의 음식을 도둑질해서 전 세계에 소유권을 주장하고 있다며 가시를 곤두세운다. 2009년 레바논에서는 요리사 300명이 2,000kg에 육박하는 후머스를 조리해 이스라엘이 보유한 기네스 기록을 갱신했다. 이쯤 되면 후머스에 대한 레바논인의 진지함을 알 만하다. 그들에게 후머스는 한국인의 김치만큼이나 소중한 것이다.

| How to |

모든 재료를 믹서기에 곱게 간다.

유대인으로 불리는
이스라엘 사람들

"이스라엘인은 유대인이라고 불리는 것을 그리 좋아하지 않습니다."

예루살렘으로 출장을 간 준영은 세미나에서 알게 된 매드치니의 집에서 하룻밤 묵기로 했다. 검은색 수염이 얼굴의 반을 차지하는 매드치니는 인상은 무서웠지만 인품은 아주 따뜻한 사람이었다. 그는 텔아비브 해변 근처에서 수려한 외모의 아내와 아홉 살 된 아들과 함께 살았다. 국제관계학 교수로서 각국의 문화를 받아들이는 데 거부감이 없었지만 유대인으로서 랍비에 의해 열거된 유대교 경전의 교리를 지키는 데 충실했다. 준영은 매드치니가 외골수 유대교도가 아닌지 약간 걱정스러웠다. 매드치니는 이런 준영을 의식해서인지 자신은 열린 마음으로 규율을 따른다고 말했다.

"돼지고기나 오징어는 물론 '먹을 수 있는 것'입니다. 하지만 다른 먹을 것도 많습니다. 규율을 어기면서까지 먹을 필요는 없을 뿐이에요."

준영은 그가 '그것들은 악마의 고기예요. 당신도 먹지 마세요. 예수가 천벌을 내릴지도 몰라요'라고 말하지 않은 데 감사했다. 이스라엘에서는 오징어처럼 비늘과 몸에 마디가 없는 연체동물을 '악마의 고기'로 여긴다.

준영은 이스라엘에 오기 전 까다롭기로 유명한 유대교의 식사 율법 카샤룻^{Kashrut}과 코셔^{Kosher}에 대해 귀에 못이 박히도록 들어서 달걀과 야채만 먹어야 하는 건 아닌가 염려했다. 야채 요리가 하나씩 식탁을 채우기 시작했다. 총 8가지 접시가 놓였다. 그 중에는 마늘을 껍질째로 구운 것도 있고 절인 양배추처럼 익숙한 것도 있었다. 아직 비어 있는 식탁 한가운데에 과연 어떤 요리가 올라올지 사뭇 기대가 되었다. 그때 부엌에서 토마토의 진한 향이 풍겼다. 매드치니의 아내가 1시간 정도 자작하게 끓인 스튜를 내왔는데 스튜 속에는 달걀이 무려 7개나 들어 있었다.

그는 텔아비브 해변 근처에서 수려한 외모의 아내와 아홉 살 된 아들과 함께 살았다. 국제관계학 교수로서 각국의 문화를 받아들이는 데 거부감이 없었지만 유대인으로서 랍비에 의해 열거된 유대교 경전의 교리를 지키는 데 충실했다.

    이 스튜의 이름은 샥슈카로, 뜨거운 토마토소스에 달걀을 넣고 수란처럼 익혀 양젖 치즈를 듬뿍 뿌린 것이다. 한 수저 떠서 기름에 볶은 밥에 비벼 먹었다. 기대 이상의 맛이었다. 흐물흐물할 줄 알았던 달걀은 토마토소스 속에서 동그란 모양 그대로 단단하게 익어 있었고 밥에 비벼 먹으니 그 궁합이 가히 환상적이다. 수천 년 동안 제한된 식재료로 그들만의 맛을 찾기 위해 노력해온 지혜의 역사가 보이는 듯했다.
    "그런데 고기는 전혀 먹지 않나요?"
    "하하, 코셔 문화가 어색하시죠? 지금 먹는 이 양젖 치즈와 달걀이 다 소화될 때쯤에 칠면조 요리를 대접하겠습니다."
    유대 율법에 따르면 육류와 유제품을 섞어서 조리할 수 없을 뿐만 아니라 이 두가지가 몸속에서 섞이는 것조차도 금기시한다.
    내일 유대인의 식탁에 올라올 칠면조 고기를 상상하니 준영은 묘한 기대감으로 가슴이 두근거렸다.

유대인의 브런치
이스라엘
샥수카

재료

토마토 통조림 400ml, 토마토 페이스트 1큰술, 달걀 3개, 닭 육수 160ml, 페타치즈 60ml, 양파 ½개, 다진 마늘 2작은술, 청양고추 1개, 빨간 파프리카 1개, 올리브유 2큰술, 카레가루 ½작은술, 고춧가루 1작은술, 생파슬리 약간, 소금 ½작은술, 후추 ½작은술

유대인의 요리로 잘 알려진 샥슈카 Shakshuka는 고기가 들어가지 않고 만들기 간편해 브런치나 가벼운 저녁 식사 대용으로 인기 있는 메뉴다. 더운 지방의 음식이 그렇듯이 소금이 많이 들어가 짠 편이지만 맨밥 혹은 볶음밥과 함께 먹으면 간이 딱 알맞다. 평범해 보이는 모습과 달리 그 맛은 기대 이상이다!

| How to |

01 올리브유를 두르고 양파와 고추를 3분간 볶는다.
02 카레가루, 고춧가루, 마늘, 파프리카를 넣고 2분간 볶는다.
03 토마토 통조림과 토마토 페이스트를 넣고 소금과 후추로 간한 다음 약불에 5분간 끓인다.
04 육수를 붓고 냄비 뚜껑을 덮어 약불에 20분간 더 끓인다.
05 달걀노른자가 터지지 않도록 달걀을 깨서 넣는다.
06 뚜껑을 덮고 3분간 끓인다. 달걀흰자가 익으면 불을 끄고 페타치즈와 파슬리를 으깨 뿌린다.

TIP • 시리아 브레드와 함께 먹으면 좋다.

〈토마토 통조림을 사용하는 이유〉

토마토 통조림은 과일 통조림처럼 편의를 위해서 가공한 것이 아니다. 토마토 다이스드 Tomato Diced, 홀토마토 Whole Tomato, 토마토 페이스트, 토마토소스, 케첩은 각자 식재료로서 토마토 이상의 입지를 갖추고 있다. 샥슈카에 토마토가 아니라 토마토 통조림을 사용하는 이유는 풍미가 더 깊고 진하기 때문이다. 통조림 식품의 방부제가 걱정된다면 직접 만들면 된다. 토마토 2개, 물 100ml, 설탕 1작은술, 소금 ½작은술을 넣고 냄비에서 6분간 끓이면 생토마토보다 훨씬 진한 풍미를 느낄 수 있다. 토마토 페이스트는 토마토를 으깨 진하게 조린 것으로 적은 양으로도 진한 맛을 낼 수 있다. 파스타를 만들 때 편리하게 쓸 수 있는 토마토소스는 마늘이나 양파, 설탕, 바질과 월계수잎을 넣고 끓인다. 스크램블드에그, 오믈렛, 감자튀김에 곁들여 먹는 케첩은 같은 토마토를 농축해 당류와 향신료를 넣어 만든 소스다.

너의 향미를 그대로 담아
인도
투머릭 라이스

재료
버터 2큰술, 허브(월계수잎 3장, 시나몬·타임·바질·오레가노 가루 한 꼬집씩), 쌀 200g, 강황가루 1작은술, 소금 한 꼬집, 물 400ml

향신료라고 하면 멀게만 느껴지는가? 실제로 한국의 일상 가정식에도 향신료가 흔히 사용된다. 마늘, 양파, 겨자도 향신료의 일종이기 때문이다. 이들은 적은 양으로도 아름다운 색을 내거나 향을 더해 식욕을 북돋는 데 제 몫을 톡톡히 해낸다. 특유의 향미를 품은 식물의 잎이나 줄기, 뿌리를 총칭해 스파이스^{Spice}, 즉 향신료라고 부른다. 카레 요리의 주재료이자 인도 음식에 많이 쓰이는 강황^{Tumeric}은 바로 줄기와 뿌리를 사용한 향신료다.

강황가루의 주성분인 커큐민은 기억력 향상에 큰 역할을 한다고 알려졌다. 미국 UCLA의 그레고리 콜$^{Gregory\ Cole}$ 박사가 발표한 연구 결과에 의하면 강황은 뇌에 축적되는 독성 단백질 아밀로이드를 분해하며, 그 외에도 강황 소비량이 많은 인도에 알츠하이머와 치매 발병률이 세계 기준치를 한참 밑돈다는 사실이 강황의 효능을 뒷받침한다.

투머릭 라이스$^{Turmeric\ Rice}$는 갠지스 강 유역에서 자생하는 길쭉한 바스마티^{Basmati} 쌀로 만든다. 국내에서는 바스마티 쌀을 구하기가 만만치 않으니 백미로 대체하자. 단, 솥에 밥을 지으면 차지니 냄비에 하는 것이 좋다.

How to

01 버터 2큰술을 녹여 허브와 먹기 좋게 썬 양파를 볶는다.
02 쌀을 씻어 강황가루와 소금을 섞은 다음 01에 넣고 중불에 볶는다.
03 물을 붓고 뚜껑을 덮어 센 불에 3분간 끓인 다음 약불로 줄여 9분간 끓인다.
04 불을 끄고 3분간 뜸 들인 다음 냄비 뚜껑을 열어 밥을 골고루 젓는다.

TIP • 1인분 기준은 쌀 100g이며 끓이는 시간은 총 10분(센 불과 약불의 시간 비율은 1 : 3)이다. 쌀 100g을 추가할 때마다 끓이는 시간을 2분씩 추가하고, 뜸 들이는 시간은 같다.

짜뚜짝 시장에서
타이
카오팟

재료 🍳
카놀라유 3큰술, 달걀 1개, 양파 1개, 다진 마늘 2큰술, 파 60g, 쇠고기 150g, 밥 2공기, 마요네즈 약간

소스 재료 🍳
피시소스(또는 액젓) 2큰술, 황설탕 1작은술, 고춧가루 1작은술

볶음 요리로 유명한 중국과 어깨를 나란히 견줄 수 있는 나라는 타이다. 방콕의 짜뚜짝 Jatujak 시장에서 커다란 철판에 볶아낸 카오팟 Kao Phat 은 그 어떤 볶음밥과도 비교할 수 없는 맛이다. 뜨겁게 달군 팬에 기름을 둘러 스크램블드에그를 만들고 소스와 밥을 넣어 재빨리 볶으면 꼬들꼬들한 쇠고기와 고소한 밥의 촉감이 일품이다. 카오팟의 카오 Kao 는 쌀, 팟 Phat 은 볶는다는 뜻으로, 타이에서 50바트면 먹을 수 있는 저렴하고 맛있는 국민 요리다.

쇠고기 대신 돼지고기나 닭고기, 새우나 게를 이용해서 요리하면 카오팟 무, 까이, 탈레 등 다양한 카오팟이 되며 그중 카오팟 사파로드 Sapparod 는 파인애플 속을 파내고 밥을 볶아 넣은 것으로 한국에서도 꽤 유명하다. 식은 밥, 다진 쇠고기, 달걀, 피시소스만 있으면 아주 간단하게 만들 수 있는 요리이니 부담 없이 도전해보자.

How to

01 양파와 쇠고기를 다진다.
02 카놀라유 1큰술을 둘러 스크램블드에그를 만든다.
03 카놀라유 1큰술을 추가하고 다진 마늘과 잘게 썬 양파, 쇠고기를 센 불에 3분간 볶는다.
04 소스 재료를 모두 섞어 03에 넣고 카놀라유 1큰술을 둘러 밥과 파를 센 불에 재빨리 볶는다.

홍시를 넣은
팟타이

재료
쌀국수 100g, 숙주나물 200g, 달걀 2개, 올리브유 2큰술, 새우 10마리, 레몬 ⅓개, 건새우 10마리, 당근 ¼개, 부추 약간, 다진 땅콩 2큰술

소스 재료
양파 ⅓개, 황설탕 2½큰술, 굴소스 2작은술, 홍시 3큰술, 피시소스 2큰술, 고춧가루 ½작은술, 다진 마늘 2작은술

팟타이 Pat Thai 소스에는 열대 과일 타마린드 Tamarind 가 들어간다. 타마린드는 살찐 땅콩처럼 생겼고 곶감과 비슷한 맛이다. 잘 익으면 사과처럼 달콤하기도 하고 자두처럼 새콤하기도 하며 살짝 매운맛도 난다. 한국에서는 생소하지만 영국의 우스터 소스나 카레가루를 만드는 데 반드시 들어가는 재료다. 타마린드 소스는 온라인 쇼핑으로도 구하기 힘들지만 홍시로 대체해서 떫은맛을 보완하면 완벽한 팟타이를 만들 수 있다.

| How to |

01 쌀국수는 찬물에 1시간 이상 담가둔다.
02 숙주나물도 찬물에 담가둔다.
03 양파는 다져서 모든 소스 재료와 섞는다.
04 새우는 껍질을 벗기고 부추와 당근은 5cm로 가늘게 썬다.
05 올리브유 1큰술을 두르고 새우를 센 불에 볶다가 반쯤 익으면 당근과 건새우를 넣어 함께 볶는다.
06 올리브유 1큰술을 추가하고 팬 한쪽 구석에서 스크램블드에그를 만든다.
07 달걀이 익으면 잘 섞어서 볶은 다음 부추, 쌀국수, 소스를 넣고 센 불에 다시 볶는다.
08 숙주나물, 다진 땅콩을 넣고 30초간 볶는다.
09 그릇에 레몬을 담고 먹기 직전에 레몬즙을 뿌린다.

요리하는 타이 남자

스파이시
타이누들 볶음

재료
쌀국수면 150g, 양파 ¼개, 채 썬 부추 1큰술, 으깬 참깨와 땅콩 약간

소스 재료
고춧가루 1½작은술, 말린 홍고추 거칠게 간 것 2개, 카놀라유 1큰술, 참기름 3큰술, 꿀 2큰술, 간장 2큰술

    타이 사람들은 요리해 먹는 것을 좋아한다. 남자들도 어릴 때부터 요리하기를 즐긴다. 타이는 더운 날씨 탓에 음식의 향미가 강해 요리들이 달콤하고 시고 짜다. 그리고 식재료가 풍요로운 덕분에 재료들을 배합하는 데 막힘이 없고, 그 조화 또한 흠잡을 구석 없이 완벽하다. 예를 들어 고춧가루와 바질을 넣은 국물에 카네이션 밀크를 살짝 붓는 것은 상상을 뛰어넘는 배합이지만 칼칼하면서도 순한 국물 맛을 보고 나면 저절로 엄지손가락을 치켜세우게 된다.

| How to |

01 쌀국수면은 찬물에 30분간 불린다.
02 소스 재료를 모두 넣고 센 불에 1분간 볶는다.
03 얇게 썬 양파를 넣고 볶다가 01과 부추를 넣고 센 불에 재빨리 볶는다.
04 으깬 참깨와 땅콩을 뿌린다.

피시소스가 중요해
타이
레몬 쉬림프

재료 🍵
새우 8마리(250g)

소스 재료 🍵
스위트 칠리소스 70ml, 피시소스 2작은술, 우유 60ml, 레몬즙 3큰술, 다진 바질 1큰술, 다진 마늘 2작은술, 황설탕 1작은술

    열대 몬순 기후인 타이와 대륙성 기후인 한국은 재배하는 농산물이 크게 다르다. 그러므로 현지의 재료를 구하기 쉽지 않기 때문에 전문 음식점에서조차도 제대로 된 타이의 향취를 느끼기가 어렵다. 라임 정도는 때때로 눈에 띄지만 코코넛 열매의 하얀 과육을 우려낸 코코넛 밀크는 슈퍼에서 흔히 구할 수 있는 품목이 아니다. 그래서 라임을 대신해 사과즙과 레몬을 섞어 넣고, 코코넛 밀크는 물이나 우유로 대체한다. 코코넛 밀크가 있다면 다행이지만 없다면 저지방 우유를 써보자. 다른 재료가 빈약한 만큼 맛있는 피시소스는 꼭 챙겨 넣도록 한다.

| How to |

01 새우는 삶아 껍질을 벗긴다.
02 냄비에 우유를 제외한 소스 재료와 새우를 넣고 10분간 둔다.
03 우유를 붓고 뚜껑을 살짝 덮어 약불에 5분간 끓인다.

TIP • 우유 대신 코코넛 밀크를 사용하면 더 좋다.
      • 바질 대신 민트를 사용해도 된다.

여행지에서 만난 음식

싱가포르
칠리크랩

재료 1
꽃게 2마리, 전분 충분히, 튀김용 기름

재료 2
양파 1½개, 청고추 1개, 홍고추 1개, 셀러리 2대

재료 3
토마토 소스 350ml, 굴소스 1큰술, 칠리소스 2큰술, 설탕 3큰술, 까나리 액젓 1큰술, 레몬즙 4큰술, 생크림 100cc, 꿀 2큰술, 고추기름 3큰술, 달걀 2개

상냥한 바람이 산들거리는 싱가포르 리버 Singapore River에 서서 살아 있는 것처럼 꿈틀거리는 배들을 바라보았다. 근심이라고는 없는 듯한 사람들 틈에 끼어 나도 마치 그러한 냥 느린 시간을 만끽했다. 머라이언상 앞에 모여 있는 각국의 사람들을 보니 그들의 무수한 인생이 스쳐 가고 나의 고민은 망망대해에 떠도는 플랑크톤처럼 하찮게 느껴졌다. 저녁 식사로 준비된 칠리크랩은 미국 CNN이 선정한 '세계에서 가장 맛있는 음식 50'에 랭크된 요리로 고추기름을 두르고 토마토 소스와 달콤한 칠리소스를 볶아 잘 튀긴 게를 버무린 것이다. 조리 과정 마지막에 달걀을 풀어 걸쭉하게 만드는 것이 특징으로 쌀밥에 비벼 먹으면 그 맛이 가히 일품이다. 잔잔히 흐르는 강물에 비친 유려한 도심의 빛, 끊임없이 이어지는 이야기에 웃음꽃을 피우며 먹었던 칠리크랩은 근 몇 년간 먹어본 요리 중 최고였다. 깨끗하게 발라낸 게살에 달콤한 칠리소스가 한가득 버무려져 있고 게딱지 사이로도 통통한 살이 숨어 있다. 한 숟가락 듬뿍 퍼서 밥에 비벼 먹었는데 '밥도둑'은 싱가포르에 있었다. 내일부터 아무것도 먹지 못할 사람처럼 먹고서야 포크를 내려놓았다.

| How to |

01 꽃게는 먹기 좋게 잘라 물기를 제거하고 전분을 입힌다. 180℃로 가열한 튀김용 기름에 8분간 노릇하게 튀긴다.
02 토마토소스를 볶다가 굴소스와 칠리소스를 넣는다. 설탕, 까나리 액젓, 레몬즙을 추가해 볶다가 생크림을 넣어 마무리한다.
03 다른 팬에 고추기름 2큰술을 둘러 어슷하게 썬 셀러리와 고추, 얇게 자른 양파를 볶다가 02를 넣고 다시 볶는다.
04 달걀 2개를 풀고 꽃게와 고추기름 1큰술을 넣어 센 불에 1분간 볶는다.

쓰촨 성의
부부

여기는 쓰촨 성의 한 부엌이다. 밖에는 매섭게 비바람이 몰아치고 있다. 짙은 군청색 재킷에 허리까지 올라오는 치마를 입은 메이양은 빨간색 가죽 소파를 노려본다. 소파에는 물에 적신 시금치처럼 축 늘어진 마오가 타일 바닥을 바라보며 구시렁거리고 있다. 그렇지 않아도 직장에서 회의 시간 내내 사장단의 예리한 질문에 답변하느라 초주검이 되었는데 마오가 평소와는 달리 저녁도 지어놓지 않은 채 도리어 마파두부를 만들어달라고 생떼를 부리니 황당할 따름이다. 마파두부의 핵심 재료인 두반장도 떨어졌는데 말이다.

"쓰촨 성의 유서 깊은 식당에 새 주인이라도 결정해야 되는 거야?"

메이양은 일본 애니메이션 〈요리왕 비룡中華一番〉을 좋아하는 마오를 비꼬았다. 마오는 양쯔 강이 보이는 조그만 가게에서 관광품을 판매한다. 그는 오늘따라 수저를 들 새도 없이 손님이 들락거리는 통에 하루 종일 굶다시피 했다. 배가 고파 죽을 지경이어서 반찬거리를 사러 갈 힘은커녕 아내와 실랑이를 할 의지조차 없다. 그런데 메이양이 톡톡 쏘아붙이니 서럽기가 그지없지만 마지막 힘을 다해 한마디를 한다.

"너무 바깥일만 신경 쓰지 말고 음식도 좀 해놓고 나가……."

"오렌지 쇠고기 차오 하려고 했는데 먹기 싫어?"

"…… 아무런 조건 없이 먹게 해줘."

마오는 메이양의 마음이 변할까 금세 대답하지만 최소한의 자존심은 지킬 양 목소리는 밋밋하다.

메이양은 가사일까지 바라는 남편이 야속하다. 남편이 일하는 것처럼 회사에 나가 고되게 일하고 돌아왔는데 그는 배고프다고 어린애마냥 투정하다니 말이다. 남편이 얄미웠지만 가방 속에 오렌지 2개가 들어 있다는 것이 떠올라 오렌지 쇠고기 차오Orange Beef Chow를 만들기로 한다. '차오炒'는 중국에서 가장 많이 사용되는 조리법으로 강한 불로 단시간에 재료를 볶는 것이다. 메이양은 신혼 때 6,000위안을 주고 산 펑텐의 오븐레인지 앞에 선다. 뜨겁게 달군 오목한 팬에 기름을 낙낙히 두른다. 불의 신이라도 강림한 듯 길고 가늘게 썬 쇠고기를 재빨리 볶은 뒤 나머지 재료를 모두 넣고 공중으로 휙휙 뒤집어 골고루 섞는다. 기름은 윤기와 맛을 살릴 정도로만 최소한 넣고 건강에 좋은 오렌지, 마늘, 생강을 한 움큼 넣는다. 마오는 남들 앞에서는 점잖고 의연한 남편이지만 메이양 앞에서는 백여우가 되어 속을 긁는다. 그래도 남편이니까 맛있는 저녁을 만들어주고 싶다. 오렌지의 모양을 그대로 살리기 위해 몇 조각은 남겨두었다가 마지막에 넣는 센스를 발휘하면 윤기가 흠치르르한 오렌지 쇠고기 차오가 완성이다.

"자, 비룡이 만든 것보다 훨씬 맛있을 거야."

하얀 쌀밥 위에 진한 오렌지 향의 쇠고기 차오를 소복이 올리니 약육강식의 들판 같던 쓰촨 성의 부엌은 어느새 평화로워진다.

뽐내지 않아도 알아요
오렌지 쇠고기 차오

재료 🥣
쇠고기 300g, 카놀라유 3큰술, 말린 홍고추 3개, 오렌지 ½개

소스 재료 🥣
오렌지즙 75ml, 오렌지 껍질 ⅛개, 후추 ¼작은술, 간장 1½큰술, 소금 ½작은술, 설탕 1½작은술, 참기름 ¼작은술, 다진 마늘 2작은술

마리네이드 재료 🥣
간장 1큰술, 미림 1큰술, 생강가루 1½큰술, 전분 2작은술, 참기름 2작은술

중국 요리는 화공 실력에 좌우된다고 생각하기 쉽지만, 실상 중국 사람들의 요리에 대한 깊이는 남다르다. 그들은 색과 향, 미의 조화를 중시하며 다양한 천연 재료와 향신료를 사용한다. 이처럼 재료부터 다르기 때문에 오목한 팬에 기름을 한 국자 두르고 센 불에 마구 볶는 것만으로는 그 맛을 따라잡을 수 없다. 내가 중국 요리를 다시 보게 된 것은 '훠투이(火腿)' 때문이다.

훠투이는 중국식 훈제 햄이다. 윈난 성의 헤이징이라는 작은 마을에서는 바나나 껍질을 먹여 키운 질 좋은 돼지를 잡아 뒷다리에 소금을 넉넉히 발라 염장한다. 이 소금은 2,000년도 더 된 우물에서 얻은 것으로 훠투이 고유의 향을 내는 데 중요한 역할을 한다. 그리고 36개월 이상을 정성스레 건조시킨다. 이런 정성과 시간을 들이는 것은 미세한 향미의 차이를 놓치지 않기 위해서다. 얇게 썬 훠투이는 스페인의 하몽처럼 쫄깃하면서 촉촉하고 강하지 않은 특유의 향이 은은하게 난다.

| How to |

01 쇠고기는 기름하게 썰어 30분간 마리네이드한다.
02 오렌지는 잘라서 반은 즙을 내고 나머지 반은 껍질을 벗겨 먹기 좋게 썬다.
03 오렌지 껍질과 말린 홍고추는 가늘고 길게 썬다.
04 소스 재료는 모두 잘 섞는다.
05 뜨겁게 달군 팬에 카놀라유를 2큰술을 두르고 쇠고기를 3분간 볶는다.
06 카놀라유 1큰술과 03을 넣고 센 불에 뒤적인 다음 소스 재료를 부어 3분간 볶는다. 오렌지는 마지막에 넣고 재빨리 볶는다.

곰보 노파의 필살기
마파두부

주고 싶어요."

가이토는 해맑게 웃는 세이코를 보며 무조건 도와줘야겠다고 생각했다.

"세이코는 생선 손질 솜씨가 훌륭하다고 했으니 그 능력을 담보로 제가 투자할게요. 내부 인테리어는 저에게 맡겨주세요. 다만 저도 넉넉하지 않으니 무료는 아닙니다. 재료비만 1년 안에 갚아주세요. 그리고 제가 가면 언제든지 따뜻한 밥은 먹을 수 있는 거죠?"

세이코는 전혀 예상하지 못한 가이토의 제안에 눈물을 펑펑 쏟았다. 그렇게 가이토와 세이코는 인연을 맺었고 아카기 신사赤城神社 근처에 있는 오래된 집을 수리해 '세이코의 부엌'을 개점했다.

"푸른 눈의 생선만 사용합니다."

세이코는 신선한 재료를 사용하는 데 대한 자부심을 이렇게 표현했다. 그녀는 유연한 감성과 섬세한 손맛, 부지런함으로 개점 초반부터 성업했다. 기적을 바랐다면 이와 같았을까. 사업 초보인 셈 치고는 의외의 성공이었다. 메뉴는 특별한 것도 없이 소보로동, 생선초밥 몇 종류, 오야코동, 오차즈케가 전부였다. 그런데도 식당은 문전성시였다. 손님이 정신없이 드나드는 와중에도 그녀는 언제나 환하게 웃는 얼굴로 가이토를 반겼다. 그가 그토록 환영받을 만한 사람인가 하는 의문이 들 정도니 세이코의 환대가 얼마나 수선스러웠는지 알 만하다. 그녀는 가이토가 특별히 좋아하는 샛노란 소보로동과 갓 잡은 숭어의 배를 가르고 살아 있는 오징어의 먹물을 빼서 만든 초밥을 함께 내주었다. 그리고 딸에게만 주는 인삼차까지 끓여 살짝 옆에 두고 갔다. 가이토는 너무 자주 가면 민폐인 것 같아 발길을 조금씩 줄였다. 그러던 찰나 마침 6개월간 해외 출장을 가게 되었다. 세이코에게 가끔 연락을 해보았으나 그때마다 소식이 닿지 않았다. 가이토는 귀국해서 부동산중개사무소를 찾아갔다가 뜻밖의 소식을 들었다. 세이코가 5개월 전에 잠적했다는 것이다. 가쿠라자카역에서 달려 나와 부리나케 가게로 가보니 문이 굳게 잠겨 있었다. 그다음 날도, 일주일 뒤에도 마찬가지였다.

"자네 재료비가 200만 엔 정도 들었지? 괜히 내가 미안하네."

야마모토는 금전 피해가 신경이 쓰였는지 가이토에게 위로를 건넸다. 그렇게 8개월이 지나고 비가 오는 어느 날이었다. 가이토는 세이코가 해주던 정성 가득한 밥이 그리웠다. 굶주린 배에서 꼬르륵 소리가 났고 동시에 초인종이 울렸다. 문을 여니 세이코가 수산 시장 냄새가 가득 밴 흰 비닐봉지를 든 채 서 있었다. 그 속에는 싱싱한 새우가 한가득이었다. 그녀는 여전히 순수한 미소를 머금고 있었다.

"세이코, 어떻게 된 거예요? 걱정했어요."

"오랜만이에요. 밥 차려줄게요. 조금만 기다려요."

세이코는 신발을 가지런히 벗어놓고 종종걸음으로 부엌으로 가더니 새우를 씻어 밀가루에 묻혀 기름에 튀기고, 달걀을 익혀 다진 뒤 파를 송송 썰어 고기와 함께 밥에 올렸다. 가이토가 가장 좋아했던 소보로동과 새우튀김이었다. 신선한 기름에 튀긴 새우와 따뜻한 밥의 온기에 금세 한 공기를 해치웠다.

"딸이 사고로 죽었어요."

세이코는 한동안 말을 잇지 못했다. 코끝이 먹먹해졌다.

"아직 수익이 나지 않았지만 우선 딸아이 결혼 자금으로 모아둔 것을 가지고 왔어요. 400만 엔 정도 돼요. 저의 마음이니 받아주세요. 저와 딸은 선생님을 통해 행운을

가이토와 세이코는 인연을 맺었고 아카기 신사 근처에 있는 오래된 집을 수리해 '세이코의 부엌'을 개점했다.

얻었어요. 그리고 덕분에 희망을 품고 하루하루를 살 수 있었어요. 그래서 딸을 위해 모았던 혼수 자금을 선생님께 드리고 싶습니다. 꼭 받아주세요."

그저 세이코와 딸이 행복해지기만을 바랐는데……. 눈물이 왈칵 쏟아졌다. 그날 이후 세이코는 다시 힘을 내어 가게를 열었다. 당분간 손님은 조금만 받겠다며 다다미 바닥에 좌식 식탁 몇 개만 남겨놓고 나머지 큰 식탁과 의자는 치웠다.

가이토는 세이코가 내온 소보로동을 먹는다. 그렇게 그녀 곁에 묵묵히 머물면서 조금이라도 위로해주려고 한다.

따뜻한 마음을 드려요
소보로동

소보로동 1 재료
밥 1공기, 다진 쇠고기 50g, 달걀 1개, 다진 파 2큰술, 설탕 ½작은술, 간장과 미림 ½작은술, 소금 한 꼬집

소보로동 2 재료
밥 1공기, 다진 쇠고기 50g, 달걀 1개, 실파와 김 약간, 설탕 ½작은술, 간장과 미림 ½작은술, 소금 한 꼬집

소보로そぼろ는 일본어로 '으깨어 조리한 것'을 뜻한다. 곰보빵을 소보로빵이라고 부르기도 하는데 이는 일본어를 그대로 가져다 쓴 것이다. 소보로동そぼろ井은 다진 쇠고기와 달걀 노른자를 따뜻한 밥 위에 얹고 양파 등을 곁들여 비벼 먹는 돈부리의 한 종류다. 각 재료의 고동색, 초록색, 노란색이 절묘한 조화를 이룬다. 날달걀을 먹을 수 있다면 지단을 붙이는 대신 따뜻한 밥 위에 깨뜨려 올리고 다진 쇠고기를 함께 넣어 전자레인지에 잠깐 돌리는 방법으로 조리하면 된다.

| 소보로동 1 How to |

01 달걀노른자로 지단을 붙여 다진다.
02 소금과 미림, 설탕으로 간한 쇠고기 볶음, 다진 부추, 다진 지단을 뜨거운 밥에 3분의 1씩 올려 비벼 먹는다.

| 소보로동 2 How to |

01 소금과 미림, 설탕으로 간한 쇠고기를 볶아 뜨거운 밥에 얹고 날달걀을 깨뜨려 넣은 다음 전자레인지에 1분간 돌린다.
02 길게 썬 실파와 김을 밥에 올려 비벼 먹는다.

우리는 행복한 가족
오야코동

재료 🍵
닭가슴살 130g, 후추 한 꼬집, 미림 2큰술, 달걀 1개, 양파 ⅓개, 물 100ml, 간장 1½큰술, 설탕 1작은술, 파 약간

    인내의 시간을 거쳐야만 완성되는 요리도 좋지만 때로는 오야코동親子丼처럼 후다닥 만들 수 있는 요리도 필요하다. 닭가슴살과 달걀만 있다면 드라마 속의 군침 도는 오야코동을 몇 분 걸리지 않아 맛볼 수 있다.

    일본 드라마 〈심야식당深夜食堂〉에서 복서인 가쓰토시는 시합에서 승리할 때마다 스스로에 대한 상으로 가쓰동을 먹는다. 시합에서 진 날 식당에서 그는 호감을 갖고 있던 아케미와 그녀의 딸 마유와 마주친다. 세 사람은 여느 때처럼 가쓰동을 주문하지만 주인은 재료가 떨어졌다는 이유로 다른 음식을 내어준다. 바로 가족이라는 의미가 담긴 요리, 오야코동이었다. 오야코동의 '오야'는 엄마를, '코'는 아이를 뜻하며, 가족이 함께 즐기면 그 의미가 더욱 각별한 요리다.

| How to |

01 닭가슴살은 먹기 좋게 썰어 미림 1큰술과 후추에 살짝 재어놓는다.
02 냄비에 물이 끓으면 재어둔 닭가슴살과 간장, 설탕을 넣고 5분간 끓인다.
03 얇게 자른 양파와 미림 1큰술을 넣고 뚜껑을 덮어 다시 끓인다.
04 달걀을 살짝 풀어 03에 넣고 뚜껑을 덮어 1분간 끓인 다음 불을 끈 채로 1분간 둔다.
05 뜨거운 밥에 얹고 부추나 파를 잘게 썰어 올린다.

최고의 보양식은
평범한 밥상에 있다

    옷장만 한 주방이 있는 집에 친구 3명을 초대했다. 그들에 대해 간단히 소개하자면 로맨스물이 아니라 다큐멘터리를 즐겨 보는 짝 없는 여인네 삼총사다. 냉장고 문을 열고 일주일 넘게 있던 토마토, 파슬리, 파프리카를 꺼내 손본다. 무심하게 찐 감자를 으깬 샐러드를 만들고 버터에 구운 가지와 버섯을 내니 순식간에 친구들의 입속으로 사라진다.
    "열량이 640.49kcal야, 무서게!"
    먹는 음식마다 칼로리의 소수점까지 세어보던 그녀들이 결국 내 요리의 유혹에 백기를 들고 만다. 요리하는 사람의 입장에서는 뿌듯하기 그지없는 순간이다. 파프리카, 토마토, 파슬리를 듬뿍 넣어 갈은 걸 안 것일까? 아무리 마셔도 바닥이 보이지 않을 만큼 많았던 주스도 금세 동이 났다. 별다를 것 없는 재료뿐이었지만 환절기에 비타민이 부족했던 친구들에게 내가 해준 요리는 최고의 보양식이 아니었을까.
    라인 강변에 자리한 프랑스의 어느 작은 마을의 전통은 그 지역에서 나는 식재료로 음식을 만들어 먹는 것이다. 주부들은 시간이 멈춘 듯 고요한 일상 한가운데 여유로운 발걸음으로 시장을 거닐며 그 지역의 농수산물을 구입한다. 먼 곳에서 오는 재료는 제아무리 영양가가 높은 것이라고 해도 이동하는 장시간 동안 보존하기 위해 방부제를 뿌리므로 건강하지 않다고 여긴다. 자신이 사는 지역의 농부가 직접 재배한 야채와 과일이야말로 어디서도 구할 수 없는 최고의 건강식이라고 믿는 것이다.
    아프리카에서는 밀렵꾼들이 코뿔소를 불법으로 사냥한다. 코뿔소의 뿔에 몸에 좋은 성분이 있다고 여겨서다. 이처럼 과학적으로 검증된 바 없는 보양식에 대한 정보로 무고한 동식물이 멸종 위기에 내몰린다. 갓난아이에게는 500년 묵은 산삼보다 엄마의 젖이 필요하다. 여름에도 냉증으로 고생하는 여성에게는 발열에 좋은 생강을 따뜻하게 우려낸 차가 명약이다. 인사고과 시기에 40대 남성이 받는 심리적 압박은 엄청나다. 하지만 아내의 따뜻한 저녁 밥상이 돌처럼 가슴을 짓누르던 그의 스트레스를 달래준다. 기력이 쇠했던 할아버지는 할머니가 특별히 아껴두었던 인삼을 넣고 끓인 삼계죽에 힘이 불끈 솟는다. 암 진단을 받은 환자가 산속에 머물며 표고버섯 달인 물을 꾸준히 마셨더니 병이 깨끗이 나았다. 곰보빵을 닮은 표고버섯은 동네 슈퍼에서도 쉽게 구할 수 있을 만큼 친근한 식재료다. 표고버섯에는 레티난이라고 하는 고분자 다당류가 풍부해서 항암 성분인 인터페론의 생성을 촉진한다고 한다. 그래서 면역력이 떨어진 암 환자의 회복 식단에 빠지지 않는다.

'평범한 것이 대단한 것'이란 말처럼 평범한 밥상이 보양 밥상이다. 제철에 쉽게 구할 수 있는 녹황색 야채의 약리 작용을 간과해서는 안 되는 이유가 여기에 있다. 병이 생기고 난 뒤에 치료제를 찾을 것이 아니라 10억 개의 유전자가 어떠한 돌발 행동 없이 숙명의 역할을 잘 수행하도록 평소에 규칙적이고 건강한 식습관을 유지해야 한다.

부모님은 건강에 유별나게 신경을 쓰셨다. 내가 어렸을 적에는 집에 전자레인지가 없었는데, 아빠는 전자레인지에서 나오는 전자파를 쬐면 큰 병에 걸린다고 겁을 주셨다. 부엌을 자주 들락이는 세 딸이 걱정되셨던 모양이다. 두 딸이 서울로 독립하고 나서야 전자레인지를 장만하셨지만 그나마도 부엌 저 깊숙한 데 두셨다. 그뿐만이 아니다. 컵라면은 컵라면 용기가 아닌 그릇에 담아 먹도록, 외면할 수 없는 사랑스러운 디자인의 전용 그릇을 구입해 이름까지 부착해두셨다. 또 카페에서 뜨거운 음료를 마실 때는 반드시 머그잔을 쓰라고 강조하실 만큼 환경 호르몬에 민감하셨다. 농약은 일단 몸에 들어가면 배출되지 않는다고 했기 때문에 바나나 껍질을 만지면 반드시 손을 씻어야 했고 포도처럼 씻기 성가신 과일도 꼼꼼히 세척해 먹었다. 이처럼 기본적인 건강 수칙을 잘 지킨 덕분인지 지금까지도 우리 가족은 종합건강검진을 받으러 가는 것 외에는 병원 출입이 거의 없다.

'평범한 것이 대단한 것'이란 말처럼 평범한 밥상이 보양 밥상이다.

할리우드 스타 부부가 반한 맛

알프레도 소스 파스타

> **재료** 🍳
> 페투치네 160g, 쇠고기 100g, 완두콩 3큰술, 당근 30g, 양파 ½개, 올리브유 3큰술, 생파슬리 1큰술

> **소스 재료** 🍳
> 버터 2큰술, 생크림 2큰술, 우유 240ml, 파르메산치즈 가루 240ml, 밀가루 2작은술, 다진 마늘 1작은술, 소금 한 꼬집

알프레도 소스는 1920년 이탈리아 로마에서 파스타 가게를 운영하던 알프레도 Alfredo di Lelio의 이름을 딴 것이다. 페투치네 Fettuccine에 버터와 파르메산치즈로 만든 소스를 부었더니 그 맛이 기가 막혀 레스토랑의 메뉴로 내놓게 된 것이다. 그 당시 미국의 유명 배우인 더글러스 페어뱅크스 Douglas Fairbanks가 로마로 신혼여행을 갔다가 알프레도의 파스타 가게를 방문해 알프레도 소스 파스타의 맛에 감동을 받고 사진을 남겼다. 이 부부가 할리우드로 돌아간 후 알프레도 소스는 급속도로 유명해졌다. 1943년 알프레도가 레스토랑을 팔아 더 이상 전통의 맛을 볼 수는 없지만 이제 알프레도 소스는 토마토소스만큼이나 익숙한 소스가 되었다. 알프레도 소스는 알프레도가 즐겨 사용했던 페투치네 외에도 토르텔리니 Tortellini, 엔젤헤어 Angel Hair와 잘 어울린다.

How to

01 소금 1큰술, 올리브유 1큰술을 넣고 페투치네를 삶는다.
02 올리브유 2큰술을 두르고 쇠고기, 채 썬 당근, 얇게 자른 양파를 볶는다.
03 소스 재료를 넣고 센 불에 2분간 끓인 다음 삶은 페투치네와 완두콩을 넣고 1분간 뒤적인다.
04 접시에 담고 올리브유 1큰술과 다진 파슬리를 뿌린다.

에쿠니 가오리의 문체처럼 사랑스러운
치킨
로제 파스타

재료

닭가슴살 70g, 토마토소스 50ml, 알프레도 소스 240ml , 파르팔레 130g, 방울토마토 5개, 화이트와인 30ml, 물 40ml, 로즈메리 약간, 양파 ½개, 마늘 3개, 올리브유 1큰술, 소금 한 꼬집

에쿠니 가오리江國香織의 글처럼 사랑스럽고, 분홍색 솜사탕을 들고 있는 소녀의 뽀얀 볼을 닮은 로제 파스타. 이 파스타는 로마 광장의 테라스에 앉아 속눈썹이 긴 남자 친구와 함께 먹으면 낭만적일 것 같다.

파스타 소스는 크게 토마토소스, 크림소스, 그리고 오일소스로 나뉜다. 토마토소스로 맛을 낸 대표 파스타는 포모도로이고, 크림소스 파스타 하면 카르보나라가 떠오른다. 이탈리아 사람들이 특히나 좋아하는 앤초비 파스타는 오일소스 파스타에 속한다. 로제 파스타의 소스는 토마토소스와 크림소스의 경계에 자리 잡고 있는데 토마토소스와 알프레도 소스의 혼합 비율에 따라 산뜻하거나 고소한 맛으로 조절할 수 있다.

| How to |

01 소금 1큰술, 올리브유 1큰술을 넣고 파르팔레를 삶는다.
02 닭가슴살과 방울토마토는 먹기 좋게 썬다.
03 올리브유를 두르고 잘게 썬 마늘, 양파, 로즈메리를 볶는다.
04 닭가슴살을 넣고 볶다가 와인을 붓는다.
05 토마토소스와 알프레도 소스, 물, 소금을 넣고 센 불에 끓이다가 파르팔레를 넣고 섞는다.

〈파스타를 즐겁게 만들려면〉
- 삶은 파스타면을 얼려두면 나중에 요리할 때 쓰기 편하다. 살짝 덜 익은 파스타면에 올리브유를 묻혀 얼리고 해동한 다음 소스에 넣어서 요리하면 된다.
- 마늘과 양파를 갈아 올리브유에 재어놓으면 편리하다.
- 쇠고기, 채 썬 당근, 다진 양파를 볶아서 얼려놓으면 볶음밥이나 파스타를 만들 때 간편하게 이용할 수 있다.

잣과 바질의 데이트
감자 페스토 파스타

재료
파스타면 150g, 페스토 소스 120ml, 감자 1개, 구운 잣 10개, 소금 한 꼬집, 후추 한 꼬집

페스토 소스 재료
바질 70g, 파슬리 10g, 마늘 1개, 구운 잣 20g, 파르메산치즈 가루 30g, 올리브유 100ml, 레몬즙 1작은술

 로렌은 프란델리와의 첫 만남 당시를 회상하면 웃음만 나온다. 그의 첫인상이 마음에 들지 않았던 것이다. 개성 강한 그의 어투에 오해를 하고 사소한 말다툼도 있었지만 시간이 지날수록 그에게 매료되었고 결혼까지 이르게 되었다. 로렌은 프란델리가 페스토 소스 같다고 생각한다. 처음에는 쓰디쓰고 익숙하지 않은 맛에 몸서리가 쳐졌지만 시간이 갈수록 자꾸 끌리는 것이 평생 먹지 않고는 도저히 못 배길 만큼 매혹적이기 때문이다.

 페스토 소스는 이탈리아 북부의 제노바에서 만들어졌다고 한다. 바질에 잣과 올리브 오일, 양젖 치즈와 파마산치즈를 곱게 갈아 섞은 것으로 가열 과정이 없어 간단하게 만들 수 있으며 파스타 소스 외에도 샐러드 소스, 디핑 소스로 다양하게 즐길 수 있다.

| How to |

01 페스토 소스 재료를 믹서기에 모두 넣고 간다.
02 감자는 먹기 좋게 썰고 올리브유를 두른 다음 소금과 후추로 간해 볶는다.
03 소금 1큰술, 올리브유 1큰술을 넣고 파스타면을 삶는다. 다 삶으면 물은 조금만 남기고 버린다.
04 페스토 소스, 감자, 잣을 넣고 버무린다.

스트레스 받는 날에는
들깨 마늘 파스타

재료
파스타면 150g, 우유 200ml, 들깨가루 6큰술, 마늘 10개, 양파 1개, 페스토 소스 3큰술, 소금 한 꼬집, 후추 한 꼬집

항상 건강을 챙기는 내가 이제껏 들은 이야기 중에 가장 충격적인 것은 각종 스트레스로 인한 암세포가 매일 5,000여 개씩 생기고 있다는 사실이다. 물론 이런 암세포는 체내에서 면역 기능을 담당하는 세포의 공격을 받고 죽는다. 스트레스를 유발하는 상황을 애초에 차단하는 것도 중요하지만 현대인이 스트레스로부터 100% 자유로울 수는 없다. 그래서 면역 세포가 활발하게 활동할 수 있도록 스스로 몸에 대한 처방을 해야 한다. 항암 식품에 관심이 높은 내가 권장하는 것은 들깨다. 들깨에는 항산화 물질인 감마토코페롤을 비롯해 발암 물질에 의한 세포 돌연변이를 억제하는 플라보노이드가 함유되어 있다. 스트레스 받는 날에는 들깨가루에 마늘과 우유를 듬뿍 넣은 파스타를 먹어보자. 한결 기분이 나아질 것이다.

How to

01 소금 1큰술, 올리브유 1큰술을 넣고 파스타면을 삶는다.
02 마늘과 양파를 먹기 좋게 썰고 올리브유를 두른 다음 소금과 후추로 간해 볶는다.
03 들깨가루, 페스토 소스(147쪽 참조)를 넣고 센 불에 1분간 볶은 다음 우유를 넣는다.
04 끓기 시작하면 삶은 파스타면을 넣고 30초간 볶는다.

〈파스타를 예쁘게 담으려면〉
팬째로 부어 담기보다 조리 도구를 써서 푸드 스타일링을 연출하자. 큰 포크나 젓가락으로 1인분에 해당하는 양을 돌돌 감아올려 그릇에 옮겨 담는다. 국자로 소스와 재료를 조심스럽게 붓는다.

올리브의 금빛이 좋아
샐러드
파스타

재료
파스타면 150g, 샐러드용 야채 130g, 파프리카 ½개, 올리브 3개, 토마토 ⅓개, 양파 ¼개, 완두콩 20g, 소금 한 꼬집, 후추 한 꼬집, 드라이허브 ½작은술

소스 재료
올리브유 6큰술, 화이트와인식초 3큰술, 생파슬리 ½큰술, 레몬즙 1큰술, 다진 양파 1큰술, 다진 마늘 ½큰술, 다진 파프리카 ½큰술, 홀그레인 머스터드 1작은술, 설탕 1작은술, 소금 1작은술

고급스러운 금빛이 도는 올리브유는 어떤 재료라도 윤기가 흐르게 한다. 비단 음식에 멋을 내는 데 국한되는 것은 아니다. 특별한 재료를 넣지 않아도 올리브유를 조금만 추가하면 우아한 향미를 낼 수 있다. 올리브유를 듬뿍 넣고 각종 야채를 버무려 시원하게 먹는 샐러드 파스타는 따뜻한 파스타와는 또 다른 건강한 맛을 선보인다. 찬물에 헹궈 올리브유로 코팅하기 때문에 잘 퍼지지 않아 도시락으로 싸기에도 적당하다.

| How to |

01 삶은 파스타면을 찬물에 헹궈 물기를 빼고 소금, 후추, 허브로 양념한다.
02 소스 재료는 잘 섞는다.
03 야채를 먹기 좋게 썰어 소스와 면을 섞는다.

TIP
- 야채는 본인이 좋아하는 것으로 적당량 넣는다.
- 완두콩은 면을 건져내기 직전에 넣고 2분만 삶는다.

먹는 너만 보고 있어도 좋은
고등어 파스타

재료 🥣
파스타면 150g, 고등어 ½마리, 검정 올리브 2개, 다진 마늘 1큰술, 방울토마토 10개, 생바질잎 4장, 파 흰 부분과 깻잎 약간, 야채 육수 50ml, 화이트와인 50ml, 완두콩 20개, 올리브유 1큰술, 생파슬리 1큰술

마리네이드 재료 🥣
올리브유 3큰술, 다진 마늘 2큰술, 레몬즙 2큰술, 허브류 1작은술

맛보아야 할 음식 리스트에 고등어 파스타가 등재된 지 수개월이 지났지만 이 메뉴를 먹고 싶다고 한 사람은 없었다.

"뭐 먹고 싶어?"

"고등어 파스타 어때?"

"좋아, 가자."

세상에서 가장 좋아하는 메뉴가 고등어 파스타라도 되는 양 한 치의 망설임도 없이 나와 함께 고등어 파스타 집으로 향한 이는 내 남자 친구였다. 예약 문의를 했더니 딱 한 자리가 남았다고 했다. 생각보다 유명세가 대단한 곳이었나 보다. 가게는 전반적으로 고풍스러웠다. 천장은 3m가 훌쩍 넘을 만큼 높았고 정갈한 집사 차림의 홀매니저가 정중하게 예약 좌석으로 우리를 안내했다.

파스타 접시에서 가장 먼저 눈에 들어온 것은 작은 고등어 조각이었다. 전혀 비릿하지 않고 오히려 새콤하면서도 담백해 마치 대구살을 씹는 듯했다. 그에 비해 면은 덜 익어 씹을 때마다 밀가루의 텁텁함이 느껴졌다. 면 삶기를 담당하는 요리사가 신입이었을지도 모르는 일이다. 그러나 혀의 맛봉오리가 흥분한 듯한 표정으로 파스타를 먹던 패널의 표정을 믿고 이곳까지 온 손님으로서 여간 실망스러운 순간이 아닐 수 없었다. 게다가 나를 위해 망설임 없이 따라나선 고마운 남자 친구에게도 면목이 없었다.

며칠 뒤 남자 친구에게서 그 패널의 표정을 보고 말리라 다짐하며 하얀 앞치마를 단정하게 둘러매고 나의 옷장만 한 주방에 들어섰다. 빨간 방울토마토, 까만 올리브, 샛노란 레몬을 다듬고 등 푸른 고등어에서 비릿한 맛이 나지 않도록 6시간이 넘게 마리네이드했다. 이런 과정은 생선은 요리에 어울리는 향을 내게 하고 육류는 육질을 부드럽게 만들어준다. 마지막으로 고등어 살이 부서지지 않도록 조심스럽게 볶은 뒤 올리브유와 파슬리를 뿌려 완성했다.

늘 나를 배려하는 남자 친구 앞에 고등어 파스타 접시를 내밀었다. 침을 꼴깍

삼키고 그의 반응을 살폈다.

"최고다."

엄지손가락을 치켜세우는 남자 친구의 얼굴에서 전에 보았던 패널의 표정이 떠올랐다.

| How to |

01 고등어는 뼈를 발라 먹기 좋은 크기로 자르고 레몬즙, 다진 마늘, 허브류, 올리브유를 섞어 냉장실에서 6시간 동안 마리네이드한다.
02 파스타면을 삶다가 마지막 2분째에 완두콩을 넣는다.
03 올리브유를 두르고 마늘을 볶다가 손질한 고등어를 넣어 구운 다음 화이트와인을 붓는다.
04 반으로 썬 방울토마토, 얇게 저민 올리브, 잘게 다진 허브류를 넣고 살짝 볶는다.
05 육수를 부어 센 불에 끓인 다음 삶은 파스타면과 완두콩을 넣어 재빨리 볶는다.
06 그릇에 담아 올리브유와 파슬리를 뿌려 먹는다.

〈파스타를 맛있게 삶으려면〉
- 물의 양은 파스타의 10배로 한다.
- 소금과 올리브유를 1큰술씩 넣어야 알덴테로 잘 익는다.
- 냉파스타를 제외하고는 찬물에 헹구지 않고 물기만 제거한다.
- 면 삶는 시간은 크기와 종류에 따라 다르므로 포장지의 설명을 참고한다.

이탈리아에는 '이탈리아인을 알고 싶으면 그들과 함께 식탁에서 파스타를 먹을 것'이라는 속담이 있다.

상상력을 자극하는
요리 재료

해가 중천에 걸려서야 일어난 주말에는 가볍게 먹고 싶다. 그래서 찾는 것이 브런치다. 미국 드라마의 유행과 함께 물감처럼 번져 이제는 너무도 익숙한 브런치는 시대가 바뀌는 데 따라 달라진 식사 패턴을 보여준다. 그렇다면 우리는 10년 뒤에도 지금의 식사 패턴을 고수하고 있을까? 첫 끼는 몇 시쯤에 먹을까? 가장 비중 있는 식사 시간은 언제일까? 여전히 브런치라는 이름으로 스크램블드에그에 소시지 약간, 야채 샐러드, 팬케이크나 토스트를 곁들여 먹고 있을까? 이런저런 생각을 하는 찰나 아랫집에서 고소한 냄새가 올라온다. 싱싱한 명란을 가득 넣어 보글보글 볶은 파스타를 상상하며 냉장고 문을 열어보지만 유통기한이 얼마 남지 않은 재료들이 대기 중이다. 어서 임기응변을 발휘해 이것들을 해치워야 한다. 삶고 찌고 볶고 튀기는 조리라는 화학반응을 일으켜 이 재료들의 생명을 연장시켜야 한다. 궁합이 맞는 재료끼리 묶어서 완성 가능한 요리를 그려보지만 꼭 한두 가지 재료가 부족하다. 그렇다고 그 부족한 재료를 사러 나가자니 귀찮다. 베란다에는 4개에 1,000원을 주고 산 가지 중에 3개가 남아 있다. 냉장고에는 며칠 뒤면 곰팡이가 필 것으로 예상되는 모차렐라치즈와 아직 탱탱하게 수분기를 머금고 있는 빨간색, 주황색 파프리카가 있다. 게슴츠레 눈을 뜨고 있는 멸치는 아직 상태가 좋으므로 다듬어서 냉동실에 넣는다. 이렇게 추스린 재료들의 색이 은근 화려하다. 괜찮은 요리가 탄생할 것 같은 예감이다.

우리는 10년 뒤에도 지금의 식사 패턴을 고수하고 있을까? 첫 끼는 몇 시쯤에 먹을까? 가장 비중 있는 식사 시간은 언제일까?

레몬을 곁들인
새우 연어 오븐구이

재료

연어 2조각, 왕새우 5마리, 생파슬리 40g, 파프리카 ¼개, 레몬 1개, 청고추 1개, 다진 마늘 1큰술, 올리브유 2~3큰술, 소금 한 꼬집, 후추 한 꼬집

    영국의 가정 교육 5계명 중 하나는 '요리 기술을 한 가지 이상 반드시 익힐 것'이다. 영국에서는 요리가 아이들의 창의성 향상과 두뇌 발달에 긍정적이라고 해서 요리 교육이 활발하게 시행되고 있다. 만약 내가 그 요리 교육에 참석한 학생이라면 무엇을 만들까?

    어떤 요리로 변신할지 모른 채 나의 주문을 기다리는 재료들을 한번 쭉 살펴본다. 오븐 트레이를 꺼내서 큼직하게 썬 야채와 신선한 해산물을 잘 배치한다. 그리고 내가 제일 좋아하는 향의 로즈메리 허브와 레몬을 가득 뿌리고 올리브 오일에 잘 버무린다. 재료 본연의 맛을 살리는 요리는 조리법이 특별하지 않더라도 멋진 맛을 낼 것이다.

How to

01 오븐 트레이에 손질한 왕새우와 연어를 놓고 소금, 후추, 레몬즙을 뿌린다.
02 큼직하게 썬 야채와 짜고 남은 레몬을 적절히 놓는다.
03 200℃ 오븐에서 7~10분간 굽는다.

나는 보헤미안 요리사
가지볶음밥 오븐구이

재료

가지 1개, 모차렐라치즈 3큰술, 밥 ½공기, 감자 20g, 당근 20g, 양파 20g, 소금 한 꼬집, 올리브유 2큰술

"가장 좋아하는 색이 뭐예요?"
"진한 가지색이요."

자기 전 눈을 감았을 때 펼쳐지는 흑막의 세상이 진한 가지색을 닮아서만은 아니다. 구미가 전혀 당기지 않는 어두운 색의 재료가 여배우의 반전 드레스처럼 먹음직스러운 요리로 재탄생하는 순간이 너무나 좋다. 특히 가지의 하얀 속을 파내고 밥을 채워 오븐에 구운 요리는 맛과 영양 면에서 으뜸이다. 가지는 안토시아닌이라는 성분 때문에 진한 보라색을 띤다. 이 성분이 성인병을 예방하고 노화를 막아줄 뿐만 아니라 항암 효과도 있다.

| How to |

01 올리브유 1큰술을 두르고 채 썬 야채를 볶는다. 올리브유 1큰술과 밥을 넣고 소금 간해서 다시 볶는다.
02 속을 파낸 가지에 볶은 밥을 채워 넣고 그 위에 모차렐라치즈를 가득 얹는다.
03 200℃ 오븐에서 10분간 굽는다.

하체가 튼튼한
그녀를 위해

프랑수와즈 아브라함Françoise Abraham의 작품 〈Attitude(yellow)〉에는 춤을 추는 것 같기도 하고, 어디론가 달려가는 것처럼 보이기도 하는 소녀가 등장한다. 그녀는 충분히 사랑스럽지만, 다만 튼실한 하체가 마음에 걸린다. 남의 일 같지도 않거니와 저렇게 허리가 잘록하다면 '스키니 레시피'로 균형 잡힌 몸매를 완성할 수도 있겠는데 말이다. 그녀는 타고난 하체 비만인 걸까? 아니면 살찔 만한 요리를 좋아한 걸까?

한국의 내로라하는 의사 20명에게 살찌는 체질 유무에 대한 의견을 물었다. 이 중 16명이 살찌는 체질이 있다고 답했다. 하지만 비만 체질로 태어났다고 해서 평생 채식만 하고 살 수는 없다. 맛있는 음식만큼 공허한 마음을 위로해주는 것도 없으니 말이다. 요리를 할 때 다음과 같은 '스키니 레시피'를 염두에 둔다면 살찌는 체질을 타고났더라도 몸매를 가꾸는 데는 이상이 없을 것이다. 첫째, 소금 대신 직접 발효한 젓갈을, 설탕 대신 꿀이나 매실액, 과실즙을 이용한다. 둘째, 생야채를 섭취한다. 셋째, 야채를 조리해서 먹는다면 양념보다는 소금으로 간해 고유의 맛과 식감을 살린다. 넷째, 식전에 섬유질이 풍부한 과일을 먹는다. 포만감을 느낄 수 있고 체내 독소가 제거되며 소화력도 높아진다.

내가 근무했던 서울대학교에는 저명한 전문의 교수님이 많으셨다. 그중에는 대통령 주치의도 계셨고 유명 배우나 스포츠 스타들이 이 교수님의 진료 소견을 듣기 위해 시간을 내서 병원을 찾았다. 나는 이런 교수님들과 회의나 식사를 함께하면서 틈틈이 귀중한 처방전을 얻을 수 있었다.

전문의 분들이 알려주신 방법이라 기대를 많이 했다면 밋밋하게 들릴 수도 있지만, 6개월간 평소 식사량에서 3분의 1을 줄여 규칙적으로 먹으면 운동을 따로 하지 않아도 살이 빠진다는 것이다. 이 방법은 전문의 교수님이 추천해주시기 이전부터 여기저기서 들은 익숙한 이야기이다. 하지만 돌이켜보니 단 한 번도 제대로 따라본 적은 없는 것 같다. 『동의보감東醫寶鑑』에는 한나라 때 명의로 알려진 창공의 삼불치三不治 격언이 실려 있다. 여기서 불치不治는 질병을 치료할 수 없는 환자의 마음 자세를 가리킨다. 의사는 믿지 않고 자신의 주관대로 행동하는 이들이 해당될 것이다. 예를 들어 다이어트 식단으로 하루 달걀 8개를 처방받은 사람이 달걀 수를 마음대로 조정해 3개만 먹는다. 하지만 저녁 10시가 되자 손등에서 갓 지은 쌀밥 냄새가 올라오기 시작하고 너무 배가 고픈 나머지 결국 당이 높은 빵이나 과일을 주섬주섬 먹게 된다. 이러면 결코 다이어트에 성공할 수 없는 것이다.

　전문의 교수님께 들은 또 다른 다이어트 방법은 한 끼를 30분에 걸쳐서 먹고 음식은 30번씩 꼭꼭 씹어 삼키는 것이다. 이 바쁜 세상에 음식을 30번이나 씹어 먹으라니 가당치도 않다고 콧방귀를 뀌는 이도 있을 것이다. 이 방법이 강조하는 것은 수의 개념에서 나아가 오래 씹는 습관의 중요성이다. 음식을 꼭꼭 씹어 먹으면 같은 양을 섭취해도 포만감이 훨씬 높아 식사량을 줄일 수 있을 뿐만 아니라 두뇌 발달에도 탁월하다. 고집스러운 불치가 아니라면 3개월 후 자신의 몸에 찾아온 큰 변화를 확인할 수 있을 것이다.

상처를 치유해주는 연고 같은
크림 캐비지롤

재료 🍴
고기 반죽 300g, 양배추잎 10장, 찬밥 1공기, 당근 ⅓개, 달걀 노른자 1개

소스 재료 🍴
닭 육수 300ml, 사워크림 50ml, 다진 마늘 1큰술, 올리브유 2큰술

　〈하와이언 레시피 Honokaa Boy〉는 우연히 비이 할머니댁으로 밀가루 배달을 간 레오라는 소년이 할머니의 음식을 먹은 후 마음의 상처를 치유해가는 과정을 담고 있는 맛있는 영화다. 레오는 소원을 이루어주는 '달무지개'를 보러 여자 친구와 함께 호노카아 마을에 왔다. 하지만 사소한 다툼으로 그녀와 이별하고, 1년간 쉬기 위해 다시 이 하와이의 북쪽 마을을 찾는다. 레오는 작은 영화관에서 일하며 마을의 허드렛일을 돕는다. 밀가루 배달을 나갔다가 우연히 비이 할머니의 집에 들어가게 된 레오는 몰래 밥을 먹다가 들킨다. 레오가 맛있게 먹은 밥은 고양이밥이었다. 소녀의 감성으로 돌아간 비이는 레오를 위해 매일 정성스러운 식탁을 차려준다.

　영화에서 특별히 눈에 띄는 캐비지롤 Cabbage Roll은 서양식 야채 요리다. 다진 고기와 찬밥으로 만든 소를 삶은 양배추잎에 싼 뒤 돌돌 말아 냄비에 가지런히 담고 익힌 다음 오랫동안 우려낸 크림소스를 곁들인다. 양배추잎으로는 쌈 모양을 잡기가 어려우므로 잎 모양이 넓고 고른 한국 배추를 이용하면 만들기가 좀 더 수월하다.

| How to |

01 고기 반죽, 찬밥, 잘게 다진 당근, 달걀노른자를 넣고 반죽한다.
02 양배추잎은 끓는 물에 살짝 데친다.
03 01로 만든 소를 양배추잎에 싼 뒤 돌돌 말아 이쑤시개로 고정한다.
04 03을 냄비에 담고 잠길 만큼 물을 부어 삶는다. 끓으면 물을 따라내고 소스 재료를 넣어 10분간 약불에 졸인다.

페루의 어부처럼
세비체

재료

농어(또는 연어) 300g, 토마토 1개, 레몬즙 3큰술, 사과주스 1큰술, 양파 ½개, 피망 1개, 깻잎 2장, 어린잎 야채 100ml, 귤 1개, 올리브유 2큰술, 소금 1작은술, 후추 한 꼬집

페루에서 6월 28일은 '세비체Ceviche의 날'이다. 페루 사람들이 세비체를 얼마나 좋아하는지 알 수 있는 대목이다. 세비체는 다양한 색의 고추를 잘게 썰어 넣고 생선 회와 버무려 먹는 음식으로 예로부터 페루의 어부들은 갓 잡은 생선에 소금과 레몬을 뿌려 먹었다. 바다를 끼고 있어 회를 즐겨 먹는 나라에서는 생선의 쫄깃하고 신선함을 증배시켜 주는 세비체의 요리법이 사랑받는다.

세비체의 어원에 대해서는 다양한 설이 있다. 그중 유력한 설은 페루에 왔던 영국 해군들이 날생선을 먹는 페루 사람들을 보고 'sea beach'라고 부른 데서 이런 이름이 유래했다는 것이다.

| How to |

01 레몬즙을 사과주스와 섞는다.
02 토마토, 양파, 고추, 농어를 먹기 좋은 크기로 썰어 01에 버무리고 1~3시간 정도 냉장 숙성한다.
03 냉장 숙성이 끝나면 다시 한 번 잘 섞고 02에서 생긴 물은 버린다.
04 깻잎을 잘게 썰고 어린잎 야채와 함께 올린 다음 나머지 재료를 함께 버무려 보기 좋게 담는다.

TIP • 레몬과 사과주스는 라임을 대체한 것이다.

브로콜리 테라피
브로콜리 파르메산치즈 프리터

재료

브로콜리 1개(225g), 달걀 1개, 밀가루 65g, 파르메산치즈 30g, 다진 마늘 1큰술, 소금 ½작은술, 후추 한 꼬집, 올리브유 2큰술

거리에 나가면 사람들의 표정이 무뚝뚝해서 화난 것처럼 보인다. 간혹 표정만 그런 것이 아니라 정말로 화가 나 있는 사람도 있다. 정신없는 출근길에서 계단을 오르내리다가 사람들에게 치여 예민해졌을 수도 있고, 하이힐을 신은 여자가 발을 밟고는 사과도 없이 휙 지나갔을 수도 있으며, 누군가 던진 이쑤시개가 가방 속으로 들어왔을 수도 있다. 이처럼 세상을 살다 보면 크고 작은 일로 분노가 치밀어 오르는 경우가 부지기수다.

홍 과장은 부양할 가족 생각에 월요일 아침 힘을 내어 출근한다. 그런데 회사에 왔더니 지난 주 성사되었던 계약이 파기되었다. 그리고 이 모든 사태를 그가 책임져야 한다. 순간 끓어오르는 피를 억제해줄 테라피가 간절하다. 양 사장은 불경기 때문에 녹록지 않은 회사 상황을 아는지 모르는지 할 말 다하는 부하 직원이 너무 밉다. 대학원생인 염 씨는 좋은 회사에 취직한 친구가 너무 부럽다. 심은하를 닮은 데다 공부도 잘하는 친구에게 질투가 난다.

본능처럼 솟구치는 이런 부정적 감정을 '화를 다스리는 음식'으로 조절할 수 있다. 내가 추천하는 메뉴는 바로 시원한 우유에 얼음과 브로콜리, 꿀을 한 움큼 떠 넣어 갈아 마시는 것이다. 한 잔을 벌컥벌컥 들이키고 나면 속에서 화르르 끓어올라 목을 타고 넘어올 것만 같던 불이 식는 느낌이다. 이 음료가 화를 다스리는 데 명약인 이유는, 첫째, 찬 음료는 달아오른 혈 사이사이의 긴장을 이완시킨다. 둘째, 화가 났을 때 불안하거나 초조한 마음이 엄습하는 것은 몸에서 칼슘이 다량으로 빠져나가기 때문이다. 그런데 우유와 브로콜리에 들어 있는 칼슘이 화로 산성화된 체액을 알칼리성으로 바꿔준다. 셋째, 브로콜리는 체액 알칼리성 전환 효과를 촉진하는 촉매제 역할을 한다.

브로콜리는 대표적인 슈퍼푸드답게 화를 다스리는 데 필요한 3가지 요소가 완벽하게 조화를 이룬 재료다. 브로콜리에 함유되어 있는 아연은 스트레스가 쌓이면 발생하는 독성 물질로부터 간을 보호해주며, 다량 함유된 비타민은 안정감을

주고 항산화 작용을 한다.

모양이 예뻐서 요리에 멋을 내는 데도 좋은 브로콜리의 짝꿍 음식은 돼지고기, 양파, 참기름이다. 참기름을 두르고 양파, 돼지고기와 함께 브로콜리를 팬에 달달 볶으면 그에 함유된 비타민 A의 흡수력이 높아지며, 리놀렌산 효능이 향상되어 혈액 순환을 돕고, 인터페론 분비를 촉진시켜 면역력을 증대하는 시너지 효과가 있다.

직장일, 학교생활, 집안일로 심신이 피로해진 가족을 위해 저녁상에 브로콜리 요리를 곁들여보자.

| How to |

01 브로콜리를 반으로 잘라 끓는 물에 30초가량 데친 후 5분간 식힌다.
02 큰 볼에 브로콜리와 모든 재료를 넣어 잘 으깨고 섞는다.
03 올리브유를 두른 팬에 약불로 굽는다.

TIP · 레몬 요구르트 드레싱과 곁들이면 상큼한 맛을 즐길 수 있다.

요리 속의 요리

레몬 요구르트 드레싱

재료 플레인 요구르트 60㎖, 레몬즙 1큰술, 마늘 1개, 참기름 1작은술, 볶은 참깨 1큰술, 소금 한 꼬집

모든 재료를 믹서기에 곱게 간다.

요리에서 기술이란?

"보드카 마티니, 젓지 말고 흔들어서 Vodka Martini, Shaken Not Stirred."
영화 〈007〉에서 매번 시리즈마다 어김없이 등장하는 제임스 본드의 명대사를 통해 100ml 남짓의 음료라도 제조법의 작은 차이에 따라 그 맛이 첨예하게 달라질 수 있음을 알 수 있다.

스크램블드에그는 요리라고 하기에 너무 간단하지만 처음 도전하는 사람은 씹을 만한 것이라고는 없는 바싹 익은 달걀 부스러기를 내놓을 가능성이 높다. 반면 숙련된 요리사의 손을 거치면 고슬고슬하면서도 육즙이 가득 담긴 요리가 된다.

방송국 PD는 사람들이 줄 서서 기다리는 맛집의 비법이 궁금하다. 정작 주인 할머니는 30년간 정확한 비율도 없이 손으로 대충 간을 봐서 음식을 만들었기 때문에 비법이랄 것이 없다. 요리하는 본인은 특별한 재주가 아니라고 하지만 불을 적시에 조절하거나 손의 강약을 조절하는 기술적 루틴은 사람들을 애타게 할 만큼 아주 맛있는 요리를 만들어내는 일등 공신이다. 베이킹에서도 이런 기술은 통한다. 가령 쿠키를 구울 때 라즈베리를 첨가해서 색상의 변화를 주는데, 이때 예쁜 색을 내기 위해서는 높은 온도에서 굽다가 중간쯤에 살짝 온도를 낮춰야 한다. 발효빵의 반죽을 만들 때는 손목의 힘이 아닌 어깨의 힘으로 치대야 글루텐 생성이 잘된다. 사소해 보이기 쉬운 자신만의 미미한 기술들이 식탁의 품격을 한층 높여준다.

이탈리아식 오믈렛
파프리카 프리타타

재료

올리브유 2큰술, 달걀 5개, 감자 1개, 3색 파프리카 15g씩, 가지 ⅓개, 생파슬리 2큰술, 양파 ½개, 물 2큰술, 소금 ½작은술, 백후추 한 꼬집

프리타타 Frittata를 얇게나마 1장 굽는 데는 달걀이 무려 5개나 들어간다. 대표적인 달걀 요리인 오믈렛과 종종 비교가 되지만 조각을 내서 먹는 것은 피자 같고, 약한 불에서 휘젓지 않고 굽는 조리법과 동그란 모양은 팬케이크를 빼닮았다.

소시지, 방울토마토, 양파 등 냉장고 속에 남은 모든 재료를 썰어 팬에 넣고 달걀을 깨뜨려 골고루 섞은 후 팬에서 천천히 구워내면 이탈리아식 오믈렛, 프리타타가 완성된다.

| How to |

01 올리브유 1큰술을 두르고 얇게 자른 감자를 굽는다.
02 올리브유 1큰술을 두르고 얇게 자른 가지와 잘게 썬 양파를 볶는다.
03 파프리카, 달걀, 후추, 물, 소금, 파슬리를 잘 섞어 팬에 붓는다.
04 중불에서 2분간 익힌 다음 180℃ 오븐에서 7분간 굽는다.

TIP • 파와 허브류(바질, 딜)를 넣어 만들면 아제르바이잔의 쿠쿠 Kuku라는 음식이 된다.

친구가 갑작스럽게 방문했다면

이탈리아
토마토 부르스케타

재료

올리브유 2작은술, 파르메산치즈 가루 50ml, 적양파 ⅓개, 토마토 2개, 바질잎 7장, 발사믹식초 1작은술, 후추 한 꼬집, 바게트 1개, 버터 2큰술, 설탕 2작은술, 다진 마늘 1작은술

부르스케타 Bbruschetta 는 이탈리아에서 브런치나 간식으로 즐기는 매우 간단한 요리다. 올리는 재료로는 토마토가 가장 흔하고 취향에 따라 치즈, 망고, 닭가슴살 등을 얹어 먹으면 된다. 간단히 만들 수 있으므로 친구를 초대했을 때, 갑자기 와인이 한잔하고 싶을 때 냉장고 속 남은 재료로 쓱싹 만들어내면 분위기를 내는 데 안성맞춤이다. 내가 좋아하는 부르스케타는 레몬과 올리브유에 버무린 망고와 새우를 살짝 볶아 올린 것이다. 시큼하면서도 담백한 맛이 일품이다.

| How to |

01 썰어놓은 바게트에 버터, 설탕, 다진 마늘 섞은 것을 골고루 발라 노릇하게 굽는다.
02 바질은 잘게 저미고 그 외 모든 재료는 작게 네모썰기해서 섞는다.
03 빵에 02를 올려 낸다.

어디 간 거야? 다 먹은 거야?
애플브리피자

도우 재료

강력분 170g, 올리브유 1½작은술, 물 100ml, 이스트 ⅔작은술, 소금 ½작은술, 옥수수 가루 충분히

토핑 재료

다진 사과 200g, 생파슬리 1큰술, 다진 마늘 2큰술, 생크림 2큰술, 꿀 2큰술, 호두 3개, 모차렐라치즈 80g, 브리치즈 40g

혹자는 피자의 맛을 좌우하는 것이 도우라고도 한다. 피자는 도우의 두께에 따라 푸짐한 미국식, 가벼운 이탈리아식으로 나눌 수 있다. 나는 토핑한 재료를 받쳐주는 정도의 얇은 도우를 좋아한다. 이번에 만들어볼 애플브리피자 Apple&Brie Pizza 는 이탈리아 나폴리식이다. 옥수수 가루를 덧밀가루로 뿌려 고소하면서도, 얇은 도우에 오직 사과와 치즈만 올려 달콤하고 담백하다.

마무리 토핑으로 올리는 브리치즈는 프랑스를 대표하는 치즈이며 '치즈의 왕'으로 불릴 만큼 맛이 뛰어나다. 암소의 원유로 만들며 천연 외피는 딱딱하지만 속은 순두부처럼 부드러운 연질로, 높은 온도에서도 흘러내리지 않아 구워 먹기에 좋다.

| How to |

01 옥수수 가루를 제외한 모든 도우 재료를 섞어서 야구공 크기로 둥글린 다음 따뜻한 곳에서 1시간 정도 발효시킨다.
02 발효된 반죽의 가스를 빼고 다시 둥글려 하루 정도 냉장 숙성한다. 시간이 없다면 30분간 실온에 둔다.
03 반죽 표면에 옥수수 가루를 충분히 덧뿌리면서 지름 28cm의 도우를 만든다. 완성되면 옥수수 가루를 털어낸다.
04 생크림, 꿀, 다진 마늘, 소금을 섞어 도우에 바른다.
05 다진 파슬리, 잘게 썬 사과, 호두를 골고루 뿌린다.
06 모차렐라치즈도 골고루 뿌리고 브리치즈는 시계 방향으로 놓는다.
07 200℃ 오븐에 13분간 굽는다.

TIP • 집에서 피자를 구우려면 밀가루 반죽 과정이 부담스러울 수 있다. 이때 반드시 피자 도우를 고집하지 않고 남은 식빵이나 토르티야, 포카치아 등을 이용해 쉽게 만들 수 있다.

내 식탁의 단골메뉴
볼로네제 라자냐

> **재료**
> 쇠고기 170g, 김치 40g, 당근 40g, 양파 50g, 토마토소스 300ml, 화이트와인 100ml, 생크림 50ml, 라자냐면 4장, 모차렐라치즈 250g, 올리브유 2큰술

 김치, 당근, 양파, 쇠고기는 잘 손질해서 얼려두면 나중에 요리할 때 편리하다. 이 4가지 재료로 만들 수 있는 요리는 볶음밥, 파스타, 라자냐, 오믈렛 말고도 무궁무진하다. 이 중 김치가 서양 요리에 잘 어울릴까 의심이 생길 수도 있지만, 김치에 들어간 고춧가루는 서양 요리의 단골 재료인 파프리카 가루와 흡사해 너무 많은 양을 쓰지만 않는다면 토마토소스와 함께 충분히 좋은 궁합을 이룰 수 있다. 그리고 김치에 이미 간이 되어 있기 때문에 따로 간을 할 필요가 없다는 점 또한 장점이다. 어려운 요리로 여겨지는 라자냐는 이상 4가지 재료를 잘게 다져 라자냐면 사이사이에 바른 다음 모차렐라치즈를 듬뿍 올려 구우면 손쉽게 완성되는 별미다.

| How to |

01 올리브유를 두른 팬에 쇠고기와 김치, 당근, 양파를 다져 넣고 센 불로 볶다가 토마토소스를 붓는다. 끓으면 화이트와인을 넣고 충분히 졸인다.
02 라자냐면은 물 1L에 소금 10g을 넣고 익힌다.
03 오븐 트레이에 01과 생크림을 깔고 라자냐면을 올린다. 이 순서로 라자냐면 4장째까지 반복한다. 마지막 면 위에는 생크림을 바르고 모차렐라치즈 150g을 올린다.
04 180℃ 오븐에서 10분간 구운 다음 모차렐라치즈 100g을 올려 10분간 굽는다.

튀김 요리는
싫어요

    가정집 부엌에서는 튀김 요리를 추천하고 싶지 않다. 이유인즉슨 여러 가지 공을 들인 데 비해 튀김 한 접시라는 결과물이 타당한 보상으로 여겨지지 않기 때문이다. 특히 일식 튀김에서 튀김옷에 눈처럼 붙어 있는 소보로를 만들려면 손에 튀김 반죽을 묻혀 펄펄 끓는 기름 위에서 주먹을 쥐었다 폈다 해야 한다. 이 과정에서 이미 부엌은 여기저기 흩뿌려진 반죽으로 난장판이 된다. 일단 난장판은 무시하고 일사불란하게 튀김 재료에 밀가루를 묻히고 반죽옷을 입혀 기름에 넣는다. 기름 온도를 살피며 휘휘 젓다가 익었다 싶으면 기름이 튀지 않도록 차분히 건져서 키친타월 위에 놓는다. 그 와중에 튀김 찌꺼기는 기름 속에서 탄소를 뿜어내며 지글지글 타오르니 재빨리 건져내야 한다. 170℃로 끓고 있는 기름 앞에서 혹시 모를 위험에 대비해 잔뜩 예민해진 상황에서 쉴 틈 없이 일거리가 주어지니 주방 바닥에 털썩 주저앉아 울지 않으면 다행이다. 우여곡절 끝에 식탁에는 완성된 튀김 한 접시가 올라왔고 가스레인지 위에는 새까맣게 타버린 기름 한 그릇이 남았다. 이 기름을 버리려니 환경오염의 주범이 될 게 뻔하고 다시 쓰자니 몸에 좋지 않을 것 같다.

    '…… 다시는 튀김 요리를 하지 않을 거야!'

    사람은 75일이 지나면 대부분의 일을 망각한다고 했던가. 3개월이 지나자 나는 어김없이 식용유 한 통을 사 들고 무엇이든 튀길 생각에 부풀어 있으니 말이다.

    튀김은 정말 맛있다. 어금니로 살짝 깨물었을 때 튀김옷이 바스라지며 혀에 우수수 떨어지고 그 고소한 향은 목구멍을 넘어가 후각을 자극한다. 그리고 이 바삭함 뒤에 이어지는 부드러운 속살은 어떤 요리도 표현해낼 수 없는 2가지 식감을 선사한다. 튀기기는 재료를 포장하는 조리법이라 여기기 쉽지만 사실은 재료 본연의 맛을 가

일식 튀김에서 튀김옷에 눈처럼 붙어 있는 소보로를 만들려면 손에 튀김 반죽을 묻혀 펄펄 끓는 기름 위에서 주먹을 쥐었다 폈다 해야 한다.

장 잘 드러내준다. 뜨거운 기름에 단시간 넣었다 빼면 조직의 파열이나 영양소의 손실이 적어 향과 즙을 그대로 머금고 있다. 일본 덴푸라는 지방별로 특징이 뚜렷하다. 우선 관동 지방의 덴푸라는 튀김 옷이 두꺼우며 진한 간장에 찍어 먹는다. 반면 관서 지방에서는 얇고 바삭한 덴푸라를 살짝 단맛이 나는 묽은 장에 찍어 먹는다.

포르투갈 선교사가 튀기던
덴푸라

재료
달걀노른자 1개, 전분 150g, 무가당 탄산수 240ml, 올리브유 1작은술, 튀김용 기름

 덴푸라てんぷら는 말라사다 도넛처럼 본고장은 포르투갈이지만 지금은 일본을 대표하는 음식이다. 포르투갈에서는 사제들이 영적 수행을 위해 육식을 하지 않는 단식 기간, 템포라Tempora가 있었다. 16세기경 포르투갈 선교사들이 일본에 건너갔을 무렵이 마침 템포라였다. 선교사들은 육식을 할 수 없는 대신 단백질을 섭취하기 위해 음식을 기름에 튀겨 먹었다. 이를 신기하게 여긴 일본인들이 그것이 무엇이냐고 물었는데 선교사들은 질문을 잘못 이해하고 템포라 기간이라 먹는다고 말했다. 이후 일본에서 튀김을 덴푸라라고 칭하게 된 것이다.
 덴푸라의 관건은 바삭한 식감이다. 이런 식감을 내는 데 성공하려면 레시피 뒤에 숨은 노하우를 알고 즉각적인 센스를 발휘해야만 한다.

How to

01 달걀노른자에 전분과 탄산수, 올리브유를 넣고 섞어 반죽 옷을 만든다.
02 예열한 기름에 전분을 흩뿌려 튀김 소보로를 만든다.
03 전분을 묻힌 재료에 반죽 옷을 입히고 튀김 소보로가 겉에 묻도록 살랑살랑 젓는다.

TIP
- 어류와 육류는 180℃, 야채류는 160~170℃로 튀김용 기름을 예열한다.
- 온도계가 없으면 소금을 이용해 기름의 온도를 측정할 수 있다. 기름을 예열한 후 굵은소금을 떨어뜨리면 180℃에서는 중간까지 내려가다 다시 올라온다. 그 이하의 온도에서는 가라앉고 그 이상의 온도에서는 바스락 소리와 함께 탄다.
- 모든 재료의 표면에 수분을 확실히 제거한다.
- 튀김 소보로는 전분을 손가락에 아주 살짝 묻혀 눈꽃 뿌리듯 흩뿌려서 만든다.
- 새우는 두 번 튀기면 고유의 향과 식감이 사라지므로 한 번만 튀긴다.
- 새우를 손질할 때 수염은 가위로 잘라 정리하고 몸통 껍질은 벗겨낸다.
- 튀김을 바삭하게 만들려면 첫째, 반죽 옷을 만들 때 포크로 대충 섞어준다. 둘째, 올리브유를 쓴다. 셋째, 탄산수는 아주 차갑도록 준비한다. 넷째, 야채는 두 번 튀긴다.

너 못생긴 만큼 내가 살게

치킨 가라아게

재료 🍵
달걀 1개, 전분 40g, 간장 1큰술, 레몬 ½ 조각, 튀김용 기름

밑간 재료 🍵
닭 순살 200g, 생강가루 1작은술, 다진 마늘 2작은술, 미림 1작은술, 소금 한 꼬집, 후추 한 꼬집

일식 주점에서 1960년대 스키야키 같은 노래들이 흘러나온다.

잔뜩 울상인 친구가 비가 추적추적 내리는 소리에 맞춰 나무 문을 밀고 들어온다. 눈이 마주치자 애써 미소 짓는데 잔뜩 힘을 준 눈 아래로 고인 눈물이 떨어질 것만 같다.

"괜찮아."

친구의 축 처진 어깨를 보니 괜찮을 거란 말밖에 할 수가 없다. 누구나 사랑은 어렵지만 너에게는 가라아게를 같이 먹어줄 내가 있지 않냐는 어쭙잖은 위로에 친구가 피식 웃는다.

"너 오늘 되게 못생겼다……. 못생긴 만큼 내가 살게!"

나는 가라아게와 이 친구가 참 좋다.

| How to |

01 닭 순살을 먹기 좋게 썰어 밑간 재료에 마리네이드하고 30분간 냉장 숙성한다.
02 냉장 숙성이 끝나면 닭 순살에 전분을 가볍게 묻혀 180℃ 기름에 30초간 튀긴다.
03 달걀과 간장을 섞어 초벌 튀긴 닭을 잠시 동안 마리네이드한다.
04 남은 전분을 묻혀 180℃ 기름에 2분간 튀기고 레몬즙을 뿌려 먹는다.

춤추듯 흔들어 봐!
바삭한 치킨 스트립

재료

닭가슴살 200g(6조각), 전분 30g, 소금 한 꼬집, 후추 한 꼬집, 달걀 1개, 우유 1큰술, 파르메산치즈 가루 1큰술, 밀가루 40g, 콘플레이크 40g, 로즈메리 5g, 쇼트닝 100g, 튀김용 기름

영화 〈헬프The Help〉에서 흑인 가정부 미니는 종이봉투에 닭과 밀가루를 넣고 흔든 다음 쇼트닝Shortening에 튀겨 먹음직스러운 치킨 스트립을 만든다. 쇼트닝은 반고체 상태의 유지 제품으로 감자튀김, 치킨, 쿠키 등을 만들 때 사용한다. 100% 지방이며 불포화 지방산을 인공적으로 굳혀 포화 지방산으로 만들었기 때문에 천연 버터보다 구하기 쉽고 값도 싸다. 요즘은 트랜스 지방을 대폭 줄이고 목화씨 기름이나 콩기름을 섞어 만든 식물성 쇼트닝도 있다. 패스트푸드점이나 베이커리에서는 더 나은 맛을 내기 위해 사용한다. 우리도 좀 더 맛있는 치킨 스트립을 만들기 위해 소량만 사용하기로 한다.

쇼트닝은 요리 표면을 바삭바삭하게 만들 뿐 아니라 제빵 시 설탕과 함께 사용하면 식감이 좋아진다. 이런 점을 알아두면 다른 요리를 할 때도 맛을 살리는 데 요긴하다.

| How to |

01 소금과 후추로 간한 닭가슴살을 전분에 묻혀 달걀과 우유 섞은 것에 적신다.
02 적당한 크기의 봉투에 밀가루, 잘게 부순 콘플레이크, 파르메산치즈 가루, 다진 로즈메리, 닭가슴살을 넣고 흔든다.
03 잘 섞었으면 15분간 냉동 보관했다가 꺼내 다시 달걀과 우유 섞은 것에 적시고 밀가루를 입힌다.
04 살짝 데워진 기름에 쇼트닝을 넣어 섞는다. 180℃ 기름에서 한 면당 2분씩, 총 4분을 튀긴다.

TIP
- 콘플레이크 대신 다른 과자류(콘칩이나 인디안밥)를 사용해도 된다.
- 얇게 썰어 치킨 샐러드를 만들어도 좋다.

운동선수인 그를 위해
야구공
미트볼

재료
돼지고기 150g, 쇠고기 150g, 다진 양파 2큰술, 다진 마늘 2큰술, 생강 ½작은술, 소금 ½작은술, 후추 ½작은술, 간장 1작은술, 빵가루 120ml

    우수한 타자는 어깨 근육만 키우는 것이 아니라 동공 근력도 단련한다. 투수가 공을 던질 때 미세하게 튀어나오는 특정 근육을 망원경처럼 조여드는 눈으로 감지해 공의 향방을 예측하는 것이다.
    야구 선수를 남편으로 둔 연아는 '눈의 비타민'이라고 불리는 비타민 A가 다량 함유된 토마토나 눈의 피로를 풀어주는 전복으로 만든 요리에 능숙하다. 그뿐만 아니라 상황에 따라 시의적절히 요리를 내는 데도 달인이다. 남편이 밥 먹을 시간조차 없을 때는 야채와 달걀을 듬뿍 넣은 샌드위치를 한 입 크기로 만들어 여러 개 포장한다. 틈이 날 때마다 간편히 먹을 수 있도록 하는 것이다. 운동선수에게는 체력도 중요하지만 끊임없이 전략을 구상하는 두뇌 활동이 필수이므로 머리를 맑게 하고 뇌를 활성화시키는 해조류로 국을 진하게 끓여낸다. 남편이 운동을 하다 다쳤을 때는 염증 완화 효과가 있는 오메가3 이외에도 아연, 철분, 비타민 B까지 풍부한 쇠고기를 돼지고기와 함께 다져 소화가 잘되는 미트볼을 준비한다. 연아는 센스 있는 식탁 내조로 남편이 야구에 전념할 수 있도록 노력하고 그는 늘 좋은 결과를 가족에게 선물한다.

| How to |

01 고기는 다진다.
02 볼에 재료를 모두 넣고 섞은 다음 원하는 모양으로 반죽해 냉동 보관하면 한 달간 먹을 수 있다.

요리 속의 요리

토마토 칠리 미트볼

재료 미트볼 10개, 다진 양파 2큰술, 다진 당근 2큰술, 다진 피망 2큰술, 포도씨유 4큰술
소스 재료 칠리소스 2큰술, 토마토 통조림 50ml, 레드와인 2큰술, 육수 50ml, 설탕 1작은술

01 양파와 피망을 얇게 썰어 팬에 기름을 두르고 5분간 볶는다.
02 포도씨유 1큰술을 두르고 다진 야채를 볶다가 포도씨유 2큰술을 더 넣고 센 불에 미트볼을 볶는다.
03 소스 재료를 모두 섞은 다음 팬에 부어 중불에서 3분간 졸인다.

칠리소스

재료 고추장 1작은술, 된장 1작은술, 고추기름 1큰술, 식초 1큰술, 다진 마늘 1큰술, 전분물 1큰술, 케첩 3큰술, 설탕 3큰술, 다진 양파 3큰술

마늘과 양파를 고추기름에 볶다가 나머지 재료도 같이 넣어 볶는다.

요리와 야구는 닮았다

나는 야구 마니아이다. 야구의 열성 팬인 외할머니와 부모님을 따라 어렸을 적부터 응원을 다녔던 터라 성인이 된 지금은 자연스럽게 목동과 잠실구장을 종횡무진한다. 응원하는 팀이 똘똘 뭉쳐 경기를 잘 풀어내는 날은 스트레스가 날아가고 승패와는 관계없이 경기 과정만으로도 대만족이다. 연장전 끝에 삼성 라이온즈가 선취 1점을 낸 상황에서 같은 회 말 넥센 히어로즈의 정수성 선수가 끝내기 2타점 적시타로 짜릿한 역전극을 보여준 경기가 있었다. 그때 솟구치던 전율은 어떤 맛과도 비교할 수 없을 만큼 짜릿했다. 요리와 야구는 닮은 점이 참 많다. 그중 '투입순서'와 '타이밍'이 특히 그렇다. 도톰한 마늘을 얇게 썬 연근보다 먼저 볶는 것이 불문율이듯 야구에서도 선수의 타율이나 특징에 따라 순서가 정해져 있다. 발 빠른 선수를 대주자로, 타격이 좋은 선수를 대타로 기용하여 적재적소에 투입하는 것이 감독의 전략이다. 이런 짜임새 없이 순서가 뒤죽박죽이 되면 요리도 야구도 실패하기 마련이다.

〈요리와 야구의 7가지 공통점〉
1. 투입 순서가 재료 성격에 따라 기본적으로 정해져 있다.
2. 적은 양으로 결과를 좌지우지하는 재료가 있다.
3. 일단 빠지면 심심할 틈이 없다.
4. 계절을 탄다.
5. 맛이 없던 요리가 기사회생했을 때는 9회 말 2 아웃에 득점타를 치는 것이다.
6. 요리사의 전략도 중요하지만 기본은 질 좋은 재료다.
7. 치명적 실수 하나가 전체 흐름을 판가름하기 쉽다.

Part 02 샐러드

You are what you eat

누군가에 대해 파악할 수 있는 방법은 여러 가지다. 첫째, 개인 컴퓨터의 즐겨 찾기 목록을 보면 그 사람의 관심 분야를 알 수 있다. 둘째, 그의 친구를 서너 명쯤 만나보면 대화를 통해서는 파악할 수 없었던 코드를 알아챌 수 있다. 셋째, 그 사람이 평소에 무엇을 즐겨 먹는지 살펴보는 것이다. 그가 채식을 즐겨 하는지 초콜릿을 좋아하는지 인스턴트 식품을 자주 먹는지 등에 따라 그의 성향이나 기질을 파악할 수 있다. 즉, 즐겨 먹는 음식에 사람의 심리 상태가 반영된다. 이는 음식 심리학에서도 흔히 다뤄지는 이론이다.

혈당치가 낮으면 심리적으로 초조해진다. 그래서 일이 잘 안 풀릴 때 거품을 올린 따뜻한 핫초코를 마시면 안정이 되고 기분이 좋아지는 것이다. 초콜릿도 좋지만 과일의 포도당으로 혈당을 높여주는 것이 더욱 효과가 높다. 만약 까닭 없이 짜증을 내는 친구가 있다면 왜 그러냐고 묻기 전에 시원한 레모네이드 한 잔을 건네자. 단백질과 콜레스테롤 수치가 낮아지면 사람은 공격성을 띠고 충동적으로 행동한다고 한다. 고기가 생각난다면 지체하지 말고 정육점으로 직행해 꽃등심이나 돼지고기를 사다가 구워서 채소와 함께 먹어라. 뇌가 어떤 음식이 필요하다고 신호를 보내올 때 충족시켜주는 것은 아주 중요하다. 음식은 호르몬을 조절하고 호르몬은 인간의 내면과 밀접하게 연관되어 있기 때문이다.

건강한 먹거리를 통해 호르몬의 균형을 유지하는 일 못지않게 중요한 것은 패스트푸드나 인스턴트 식품을 통해 나도 모르게 섭취하게 되는 환경 호르몬으로부터 자신을 보호하는 것이다. 환경 호르몬은 뇌에 축적되어 인내력을 저하시키고 더 나아가 뇌

손상을 일으킨다. 그릇에 랩을 씌운 채 전자레인지를 돌리거나 색소나 방부제 덩어리인 소스와 과자를 먹을 때 환경 호르몬에 노출된다. 영국에서는 유명 감자칩의 항산화제[BHA] 첨가물이 아이들의 난폭성을 높인다고 하여 전면 금지되었다.

환경 호르몬의 위험이 대두되면서 유기농 채소가 각광받고 있다. 또한 멀리 타지에서 온 식품보다 내 고장에서 난 식품을 애용하자는 바람이 불고 있으며 신선한 제철 재료를 구하는 손길이 늘고 있다. 환경 호르몬의 위험성을 잘 인지하고 있는 주부는 외식은 되도록 피하고자 노력하고 집에서 성심껏 만든 요리로 가족의 건강을 챙긴다.

현대인은 건강한 삶을 원한다. 이를 반영하듯 웰빙, 유기농, 채식 등에 대한 관심이 뜨겁다. 하지만 우리가 추구하는 건강한 삶에 진정성이 있는 게 아니라 단지 건강을 표방하는 브랜드를 구매함으로써 대리만족에 그치는 것은 아닌지 생각해볼 일이다. 실제로 그 음식이 어떤 재료로 어떤 과정을 통해 만들어졌는지는 모른 채 몸에 좋다는 광고 문구만 보고 선택하는 경우가 부지기수다.

'이것저것 다 따지면 먹을 게 없다. 속는 셈 치고 먹는다'라고 말하지만 과연 그럴까? 음식은 나를 만드는 살과 피일 뿐만 아니라 자손 대대로 이어지는 유전자의 역사를 만드는 초석이다. 나를 사랑하는 마음에서 한발 더 나아가 좀 더 신중한 선택을 고집해야 할 필요가 있다. 오늘 저녁에는 사랑하는 가족을 위해 제철에 나는 녹색 야채와 오색 과일이 어우러진 상을 준비해보자.

30초면 충분해

로켓
샐러드

재료
어린잎 야채 250ml, 올리브유 1큰술, 발사믹식초 2작은술

새싹채소는 완전히 자란 채소보다 항암 효과가 뛰어나다. 이는 모든 씨앗이 발아하는 시점에 영양 활성도가 가장 높기 때문이다. 새싹채소에는 다 자란 채소에 비해 많게는 20배 이상의 항산화 물질이 함유되어 있다. 그뿐만 아니라 혈관을 깨끗하게 정화하고 콜레스테롤 수치를 낮추며 아토피에 대한 효과도 입증되었다. 특히 보리순은 우유의 55배 이상의 칼륨과 항산화효소^{SOD}를 다량 함유하고 있는 것으로 알려져 최고의 건강식품으로 떠올랐다. 브로콜리순은 암환자가 섭취해야 할 필수 식품에서 빠지지 않으며 설포라판^{Sulforaphane} 성분이 위장을 보호하는 데 탁월하다.

| How to |

깨끗이 씻은 야채와 올리브유, 발사믹식초를 작은 봉지에 넣고 흔들어 섞는다.

TIP
- 레몬 제스트를 갈아 올린다.
- 홈 치즈를 뭉개서 뿌리듯 올린다.
- 설탕을 약간 뿌려 살짝 볶아낸 견과류를 추가한다.

요리 속의 요리

레몬 요구르트 드레싱

재료 우유 1L, 식초 3큰술

재료를 모두 넣고 끓인다. 우유 단백질이 분리되면 거름망에서 물기를 짜내 냉장실에 보관했다가 1시간 후에 먹는다.

The Beatles - Strawberry Fields Forever

시금치 딸기 샐러드

재료 🥄
시금치 1단, 딸기 10개

소스 재료 🥄
식초 2큰술, 올리브유 3큰술, 설탕 1큰, 양파 20g, 볶은 참깨 2작은술, 고춧가루 한 꼬집

딸기를 시금치에 섞어 식전 샐러드로 간단히 섭취하면 소화에 도움이 된다. 섬유소가 풍부한 과일이라면 모두 해당되는 사실이다. 한국에서는 시금치를 보통 조리해서 먹는 편이다. 그런데 샐러드에 넣어 생으로 먹으면 의외의 단맛에 놀랄지도 모른다. 또 잘 익은 피자 위에 루콜라 대신 시금치를 올려 내보자. 이 아시아산 채소는 지중해산 일년초의 세련된 맛에 뒤처지지 않을 이탈리아 요리를 완성시켜줄 것이다.

| How to |

01 믹서기에 올리브유, 고춧가루, 식초, 양파, 설탕을 넣고 충분히 간다.
02 냉장실에 차갑게 보관한다.
03 시금치와 딸기를 먹기 좋게 잘라 소스를 뿌린다.

따뜻한 온기에 버무리자

버섯 시금치 샐러드

재료
시금치 1단, 양송이버섯 3개, 양파 20g, 달걀 1개, 베이컨 2장, 레드와인식초 2큰술, 설탕 ½작은술, 홀그레인 머스터드 ½작은술, 후추 한 꼬집

| How to |

01 시금치를 먹기 좋게 자르고 양송이버섯과 양파는 아주 얇게 썬다.
02 베이컨은 잘게 잘라 중불에 바삭하게 구운 다음 기름기를 제거해 레드와인식초, 설탕, 머스터드와 골고루 섞는다.
03 모든 재료를 넣고 후추를 뿌린 다음 센 불에 10초간 볶는다.

농부의 샐러드

셀러리 살라타

재료
셀러리 2대, 양파 ½개, 노란 파프리카 ½개, 올리브 5개, 상추 1장, 생민트 2큰술, 레몬 ½개, 소금 두 꼬집, 백후추 한 꼬집, 올리브유 2큰술, 레몬 제스트 약간

| How to |

모든 재료를 먹기 좋게 잘라 섞고 레몬 제스트를 살짝 뿌린다.

너 하나면 충분해!

스테이크
버섯 샐러드

재료

쇠고기 100g, 페타치즈 50g, 샐러드용 야채, 양파 1개, 올리브유 3큰술, 버터 10g, 사과식초 1큰술, 아가베 시럽 1작은술, 버섯 100g, 바질 1작은술, 소금 한 꼬집, 후추 한 꼬집

세 살 무렵쯤 다양한 음식을 접하기 시작하는 아기에게는 네오포비아^{Neophobia}가 생긴다. 네오포비아는 낯선 물건이나 경험에 대한 공포를 일컬으며, 음식 중에 네오포비아 지수가 가장 높은 것이 바로 야채다. 그만큼 야채는 자연스레 인식이 변하기 전까지는 인간의 입에 썩 맞지 않는다. 그러나 화려한 소스에 의지해 야채를 섭취하는 것은 권장할 만한 식습관이 아니다.

어떻게 하면 맛있게 야채를 섭취할 수 있을까? 야채에 열을 가하면 영양소가 파괴된다고 믿는 사람이 많지만 그것은 사실과 다르다. 야채에는 비타민 외에도 기능성 물질이 다량 함유되어 있다. 가령 야채를 데치면 비타민 C는 일부 파괴되지만 무기질이나 섬유소, 항산화 물질의 흡수율을 높이는 데 도움이 된다. 브로콜리, 양배추, 토마토, 당근을 삶아 생과일과 함께 갈아 마시는 디톡스 주스의 효능이 이슈인 것도 이 때문이다. 토마토의 경우 익혀서 올리브 오일을 뿌리면 비타민은 다소 파괴되더라도 항산화 물질인 라이코펜의 체내 흡수율은 7배나 증가한다. 또 지용성 비타민이 많은 단호박이나 가지, 시금치도 기름에 살짝 볶으면 흡수율이 좋아진다. 야채를 생식해야 하지만 식감 때문에 힘들다면 기름 없이 덖어서 먹으면 된다.

| How to |

01 쇠고기에 소금과 후추로 간을 한다.
02 버터와 올리브유 1큰술을 두르고 양파를 약불에 40분간 볶는다.
03 다른 팬에 올리브유 1큰술을 두르고 버섯을 볶는다.
04 사과식초, 아가베 시럽, 올리브유 1큰술, 소금 한 꼬집을 넣고 양파를 다시 중불에 볶는다.
05 버섯을 볶은 팬에서 스테이크를 굽는다.
06 샐러드용 야채에 버섯과 스테이크를 올리고 03을 붓는다.
07 으깬 페타치즈와 다진 바질을 올린다.

줄 서서 먹는 카페 마마스의
리코타 치즈 샐러드

재료

리코타 치즈 200g, 바게트 4조각, 샐러드용 야채 200g, 아몬드 슬라이스 1큰술, 호두 2개, 방울토마토 3개, 건과일(무화과나 크렌베리) 2큰술, 발사믹식초 1½큰술, 올리브유 3큰술

유행하는 것에는 이유가 있고, 사람이 모이는 곳에는 먹을 만한 것이 있다. 식사 시간에는 1시간 이상 줄을 서야 하고, 식사 때가 아니더라도 인내심이 있어야만 맛볼 기회가 생긴다는 천상의 맛을 갖춘 샐러드가 바로 카페 마마스 Cafe Mamas의 리코타 치즈 샐러드다. 하지만 레시피를 안다면 1시간 넘게 줄을 서서 기다리는 인내심이 대단한 사람들과 경쟁하지 않고도 이 샐러드를 원 없이 먹을 수 있다. 이제 필요한 것은, 소슬바람 부는 테라스에 놓인 식탁과 맛있는 수다를 나눌 친구들.

How to

01 방울토마토는 반으로 자른다.
02 샐러드용 야채는 물기를 제거해서 먹기 좋게 자른다.
03 01과 02에 아몬드 슬라이스와 잘게 부순 호두, 발사믹식초와 올리브유를 잘 섞는다.
04 볼에 샐러드를 담고 그 위에 리코타 치즈를 넓게 올린 뒤 건과일을 흩뿌린다.
05 바게트를 곁들여 낸다.

요리 속의 요리

집에서 만들 수 있는
신선한 연질 치즈

수천 년 전 아랍의 한 행상이 수통에 염소젖을 담아 먼 길을 떠났다. 그가 목을 축이려고 수통을 열었더니 하얀 덩어리가 들어 있었다. 이것이 치즈의 시작이라고 전해진다. 치즈는 지방을 분해하는 비타민 B_2가 풍부해 적당량을 섭취하면 체중 조절에 도움이 된다. 그리고 콩보다 단백질 수치가 높고 숙성 과정에서 생성되는 효소가 단백질 분해를 도와 흡수력이 좋다. 이탈리아에서는 영양 덩어리인 치즈에 올리브유를 섞어 이유식을 만든다. 아이의 발육 속도에 따라 조금 딱딱하고 짭조름한 파르미자노 Parmigiano 치즈나 부드러운 리코타 Ricotta 치즈를 구분해서 사용한다.

리코타는 이탈리아어로 '두 번 데우다'라는 뜻이다. 리코타 치즈는 고대 로마의 시골에서 노란 유청을 데우다가 만들어졌다고 한다.

리코타 치즈

재료 우유 500ml, 생크림 250ml, 레몬 ½개, 소금 ½큰술

01 유막이 생길 때까지 우유와 생크림을 중불에 끓인다.
02 유막이 생기면 소금과 레몬을 짜낸 즙을 넣는다.
03 주걱으로 동그랗게 3번만 젓는다.
04 아주 약한 불에서 45분간 졸인 다음 30분간 식힌다.
05 04를 거즈에 올리고 거즈 귀퉁이를 끈으로 묶어 매달아서 1시간 정도 물기를 뺀다.
06 물기가 빠진 덩어리 위에 500g 정도의 무거운 것을 올려놓고 6시간 동안 냉장 보관한다.

TIP
- 유막은 주걱으로 저으면 자연스럽게 제거된다.
- 우유와 생크림 양에 따라 약불에 졸인 다음 식히는 시간이 다르다.
- 우유는 저지방 우유가 아닌 일반 우유를 사용한다.
- 고온에서 우유의 단백질이 변성되므로 끓어 넘치지 않도록 불 조절에 유의한다.
- 주걱으로 많이 저으면 치즈의 응고에 방해가 된다.

치즈는 지방을 분해하는 비타민 B$_2$가 풍부해 적당량을 섭취하면 체중 조절에 도움이 된다.

홈메이드 마요네즈로 맛을 낸
시저
샐러드

재료
로메인 상추 10장, 베이컨 2장, 홈메이드 마요네즈 5큰술, 다진 마늘 1작은술, 레몬즙 1큰술, 파르메산치즈 가루 2큰술

로메인 상추 Romane Lettuce는 로마인이 즐겨 먹어 붙은 이름이다. 이 상추는 각종 샐러드에 빠지지 않고 들어갈 만큼 식감이 아삭하고 단맛이 일품이다. 로메인 상추를 넣은 샐러드 중에서 특히 인기 있는 것은 홈메이드 마요네즈로 맛을 낸 시저 샐러드다.

| How to |

01 얼음물에 상추를 담가둔다.
02 베이컨은 노릇노릇하게 구워 잘게 썬다.
03 홈메이드 마요네즈와 나머지 재료를 넣고 갈아 소스를 만든 다음 베이컨을 섞어 버무린다.
04 물기를 제거한 상추에 03을 겹겹이 발라 먹는다.

TIP · 모든 샐러드에서는 야채를 씻은 후에 물기를 확실하게 제거해야 모양과 맛이 좋다.

요리 속의 요리

홈메이드 마요네즈

재료 달걀노른자 2개, 홀그레인 머스터드 1작은술, 포도씨유 200ml, 소금 1작은술, 레몬즙 2작은술

01 포도씨유를 제외한 모든 재료를 볼에 넣고 3분 정도 힘차게 젓는다.
02 포도씨유를 5~6차례에 걸쳐 넣고 적당히 응고될 때까지 젓는다.

TIP · 15일간 냉장 보관이 가능하다.

항암 종합선물 세트
오색 야채구이 샐러드

재료
토마토, 양파, 파프리카, 브로콜리, 가지 등 오색 야채 적당히

소스 재료
다진 마늘 1작은술, 올리브유 1큰술, 발사믹식초 1큰술

사람은 자외선으로부터 몸을 보호하기 위해 옷을 입는다. 채소도 자외선 등 외부 환경으로부터 자신을 지키기 위한 색소를 갖고 있다. 채소의 색은 피토케미컬이란 성분의 함유량이 높을수록 화려하고 짙다. 이 성분은 체내의 피를 정화하고 암세포의 성장을 억제하며, 대사 과정에서 발생하는 활성산소의 유해 물질로부터 체내 세포를 보호한다. 우리가 알약으로 먹는 아스피린은 버드나무 껍질에서 얻은 피토케미컬이다.

채소는 색깔별로 포함하고 있는 성분이 다르다. 토마토 같은 붉은색의 채소는 리코펜을, 단호박 같은 노란색 채소는 베타카로틴을 다량 함유하고 있다. 이 둘은 모두 대표적인 항산화 물질이다. 녹색 채소의 엽록소에 풍부한 마그네슘은 세포 재생에 효과적이다. 흰색을 띠는 양파나 마늘에도 피토케미컬이 함유되어 있어 항암 작용을 돕는다.

| How to |

집에 남은 야채를 먹기 좋게 썰어 올리브유를 둘러 굽고, 브로콜리는 살짝 데쳐서 구운 다음 소스를 곁들인다.

시원하게 즐기는
오이 감자 샐러드

재료
알감자 200g, 오이 ¼개

소스 재료
마요네즈 1큰술, 생크림 요구르트 3큰술, 청주 1큰술, 깨 1큰술, 다진 마늘 1작은술, 꿀 1큰술, 소금 ½작은술, 후추 한 꼬집

| How to |

01 오이는 잘게 썰고, 알감자는 끓는 물에 소금 1작은술을 넣어 15분간 삶아 충분히 식힌다.
02 나머지 재료를 모두 섞어 알감자, 오이와 함께 버무린다.

산수 위에 뜬 초승달

브로콜리 새우 샐러드

재료
새우 5마리, 양파 ¼개, 파프리카 ¼개, 브로콜리 100g

소스 재료
설탕 1작은술, 레몬 ½개, 올리브유 1½큰술, 화이트와인식초 1큰술, 소금 한 꼬집

How to

01 새우는 삶아서 껍질을 벗기고 양파와 파프리카는 잘게 다진다.
02 브로콜리는 끓는 물에 데쳐 먹기 좋게 자르고 레몬은 즙을 짠 뒤 나머지 소스 재료와 잘 섞는다.
03 01과 02를 버무려 그릇에 담아 낸다.

열대 과일을 듬뿍 넣은
캐리비언 쉬림프 샐러드

재료 1
새우 8마리, 와인 50ml, 물 500ml, 월계수잎 2장, 소금 한 꼬집, 후추 한 꼬집

재료 2
건살구 3개, 바나나 1개, 귤 2개, 파인애플 ⅓개, 캐슈넛 13개, 설탕 1½큰술, 상추 2장

소스 재료
에스프레소 1큰술, 간장 1½작은술, 우유 1큰술, 레몬주스 2작은술, 올리브유 1큰술, 생민트 2큰술, 생강가루 ½작은술, 설탕 ½작은술, 소금 ½작은술, 후추 한 꼬집, 레몬 제스트 약간

| How to |

01 새우를 제외한 재료 1을 넣고 끓인다. 끓기 시작하면 새우를 넣고 3분간 삶는다.
02 새우는 껍질을 벗겨 충분히 식히고 소스 재료는 모두 섞어둔다.
03 상추와 건살구는 잘게 썰고 바나나와 귤, 파인애플은 먹기 좋게 잘라 캐슈넛, 설탕과 함께 버무린 다음 소스와 새우를 넣고 잘 섞는다.

피라 마을의 석양을 담은
그리스
페타치즈 샐러드

재료
토마토 2개, 상추 4장, 적양파 1개, 녹색 피망 1개, 올리브 5개, 페타치즈 100g

소스 재료
올리브유 2큰술, 레몬주스 1큰술, 발사믹 식초 2작은술, 다진 마늘 2작은술, 오레가노 1작은술

| How to |

01 모든 재료를 먹기 좋게 자른다.
02 치즈가 부서지지 않도록 골고루 섞는다.

Part 03 디저트

빵이 있다면
웬만한 슬픔은
견딜 수 있다

파리의 작은 빵집에서 만났던 할머니가 이런 말을 하셨다.

"빵만 있다면 웬만한 슬픔은 견딜 수 있단다."

수년이 지난 뒤에야 그 말이 스페인의 유명한 작가 미겔 데 세르반테스Miguel de Cervantes 가 남긴 것임을 알게 되었다. 그는 유난히 키가 작았던 파리의 할머니처럼 빵을 좋아했고 세상 사람들 역시 그 둘처럼 빵을 사랑한다. 그중에는 물론 나도 빼놓을 수 없다.

버터를 듬뿍 넣어 구운 크루아상도 좋지만 소금과 효모로만 구운 바게트의 순수한 맛도 사랑스럽다. 잘 호화糊化된 빵에서만 나는 고소한 냄새가 코끝을 간지럽히고 귀엽게 송송 구멍이 뚫린 빵의 단면에 무화과 잼을 정성스레 발라 베어 무는 순간은 세상을 다 가진 듯한 기분이다. 화려한 빵도 좋지만 기본에 충실한 빵이 좋다. 맥주와 밀가루를 섞어 하루 정도 둔 반죽을 오븐에 뚝딱 구워내는 것이 밥하기보다 더 쉬워서일 수도 있다. 발효하여 구운 빵은 밀도가 촘촘해 쫄깃할뿐더러 고기에 함유된 만큼의 단백질이 들어 있다. 게다가 풍부한 섬유질과 무기질까지 있으니 건강에 나쁘다는 누명은 억울할 수밖에! 아이싱 슈가를 올린 시나몬 롤에 우유 거품이 한가득인 진한 핫초코를 먹는 것도 좋지만 호밀빵을 흰 우유에 찍어 먹으면서 효모의 향을 느끼는 것이야말로 내가 빵을 좋아하는 진짜 이유다.

실컷 효모빵의 순수한 맛에 대한 찬양을 늘어놓았지만, 고백컨대 크림과 계란을 듬뿍 넣은 디저트 빵을 포기할 수 없다. 디저트는 늘 기분을 좋게 만들기 때문이다. 21세기의 내가 이러하듯 14세기를 살았던 사람들도 마찬가지였을 것이다. 중세에는 귀족이 밀가루를 빻는 방앗간을 독점하고 평민은 맷돌조차 쓸 수 없는 시절이 있었다.

버터와 설탕도 귀했다. 이런 상황에 귀족이 아니고서야 평민은 눈앞에 마술이 펼쳐지지 않는 이상 디저트 빵은커녕 그냥 빵도 먹기 힘들었다. 그에 반해 나는 5,000원을 들고 나와 슬리퍼를 신은 채 10분만 걸어가면 그토록 맛있는 애플파이와 푸딩을 한 아름 안고 올 수 있으니 참 행복하다.

촉촉하고 부드러운 식감의 디저트 빵에는 버터가 빠질 수 없다. 혹여 현재 체중 조절 중일지라도 디저트 빵을 굽는 순간 만큼은 버터를 박대하지 말아야 한다. 버터는 맛있는 디저트를 선사하는 지상 최고의 선물일지니. 디저트Dessert는 프랑스어로 '식탁 위를 치우다'라는 뜻이다. 전체 식사를 마무리하는 단계로서 그동안 맛본 모든 음식에 대한 만족도를 좌지우지할 만큼 중요하다. 요리가 담긴 접시의 크기는 작아도 주요리 못지않게 연구를 거듭해 공을 들이거나 오히려 레시피가 더 까다롭기도 하다. 물론 고기를 납작하게 펼 때 쓰던 망치로 빵 반죽을 두드리다 우연히 생겨난 와플 같은 디저트 빵도 있지만 말이다.

언젠가 정신없는 내 주방에서도 세계를 뒤흔들 만큼 획기적인 빵이 나왔으면 하는 바람이다. 오븐 트레이 위에 스푼으로 반죽을 뜨고 짤주머니로 동그랗게 짜내 쿠키를 굽고 계란을 마음껏 부풀려 카스테라를 굽다 보면 세상의 끝인 포르투갈의 작은 마을에서 나의 빵 냄새를 맡고 모여들 날이 있겠지!

저의 꿈은 요리가 되는 것입니다

기본
샌드빵

재료 1
밀가루 250g, 우유 120g, 이스트 1작은술, 소금 ½작은술, 설탕 30g, 버터 2큰술, 달걀 1개

재료 2
1:1로 섞은 달걀과 우유

    발효빵은 밀가루에 이스트를 섞어 구운 빵이다. 발효와 휴지(休止) 그리고 숙성 단계를 거치면 빵의 표면에 에멘탈 치즈 같은 숨구멍이 숭숭 뚫린다. 발효빵의 한 종류인 샌드빵은 응용 레시피가 무궁무진하다. 팥 앙금을 삶아 넣으면 팥빵, 커스터드 크림을 넣으면 크림빵이 되고, 반으로 갈라 야채와 고기를 넣으면 샌드위치나 햄버거처럼 먹을 수 있다. 얇게 썰어 올리브유와 발사믹식초를 섞은 것에 찍어 먹으면 주요리가 나오기 전에 식욕을 높여주는 전채로 안성맞춤이다.

How to

01 재료 1을 모두 섞고 반죽한 다음 따뜻한 곳에서 1시간 발효시킨다.
02 반죽을 성형한다. 20cm×15cm로 밀어 돌돌 말아준다.
03 따뜻한 곳에서 40분간 발효시킨다.
04 재료 2를 반죽 윗면에 바르고 170℃ 오븐에서 12분간 굽는다.

TIP • 빵 표면의 색을 연하게 내고 싶다면 10분 구운 다음 빵을 포일로 덮어 2분 더 굽는다.

요리 속의 요리

필라델피아가 낳은
최고의 요리 중 하나

세계적으로 유명한 필라델피아식 버거! 굶주린 배를 짧은 시간 안에 풍족히 채워주는 데 이만한 것이 없다. 필리 치즈스테이크 Philly Cheesesteak 라고도 부르며 체다치즈나 이탈리아 치즈인 프로볼론 Provolone 을 볶은 고기와 함께 긴 롤빵 사이에 가득 넣어 먹는다. 녹진하게 흘러내리는 치즈와 볶은 고기의 맛이 부담스럽다면 파프리카나 버섯, 토마토를 추가하면 된다. 기호에 따라 허니 머스터드 소스와 케첩을 뿌린다.

필리 치즈스테이크 샌드위치

재료 샌드빵 2개, 버터 2큰술
소스 재료 불고기용 쇠고기 150g, 데리야키 2작은술, 참기름 ½작은술, 발사믹식초 ½작은술, 매실 1큰술, 설탕 1큰술, 간장 1큰술, 체다치즈 10g, 모차렐라치즈 30g, 양파 ½개, 피망 ⅓개, 후추 한 꼬집

01 샌드빵을 반으로 잘라 버터를 바른다.
02 야채는 채 썰고 치즈를 제외한 고기 재료를 모두 넣고 볶는다.
03 재료가 다 익으면 불을 끄고 치즈를 섞는다.
04 빵에 속을 넣는다.

녹진하게 흘러내리는 치즈와 볶은 고기의 맛.

종이 가방으로 구운

쫄깃한
우유 식빵

마르코의 빵
브뢰첸

재료
강력분 300g, 이스트 2작은술, 설탕 4큰술, 소금 1작은술, 우유 170ml, 실온 버터 2큰술

    크기와 색상별로 정리해둔 종이 가방은 부엌에서도 아주 유용하다. 조그만 화장품을 담을 수 있는 정도 크기의 무광무색 종이 가방은 어김없이 나의 오븐 곁에 놓여 있다. 종이 가방의 밑부분을 잘라 유산지를 덧대고 여기에 발효되어 탱탱하게 부푼 식빵 반죽 세 덩어리를 가지런히 넣으면 완벽한 식빵 틀의 기능을 해낸다. 이렇게 일상생활에서 구하기 쉬운 재료를 도구로 잘 활용하면 요리가 배로 즐거워진다.

How to

01 강력분, 이스트, 설탕을 체에 쳐서 두고 미지근한 우유를 부으며 반죽한다.
02 실온 버터와 소금을 넣고 10~20분간 치댄다. 손가락으로 오물조물 비벼서 멍울을 모두 풀어준다.
03 랩을 덮어 따뜻한 곳에서 1시간 발효시키면 엄청나게 부풀어 오른다. 손가락으로 푹 찌르면 다시 작아진다.
04 반죽을 공 모양 3덩이로 나누고 각각 밀대로 동그랗게 밀어 양쪽을 접고 동글게 만다.
05 식빵 틀에 넣고 랩을 덮어 40분간 발효시킨다.
06 180℃ 오븐에서 25~30분간 굽는다.
07 얇게 썰어서 버터를 발라 살짝 굽고 우유와 함께 먹는다.

TIP • 날개를 접어 뱅그르르 굴리면 모양 잡기가 쉽다.
     • 식빵 틀이 없으면 종이 가방 밑부분을 자르고 유산지를 덧대면 된다.

재료 🍵
밀가루 360g, 이스트 2작은술, 소금 1작은술, 따뜻한 물 270ml

소다액 재료 🍵
물 240ml, 베이킹소다 3큰술, 황설탕 3큰술

이탈리아 작가 에드몬도 데아미치스Edmondo de Amicis의 원작 동화를 각색해 만든 다카하다 이사오高畑勲 감독의 TV판 애니메이션 〈엄마 찾아 삼만리母をたずねて三萬里〉는 가정 형편이 어려워 엄마와 떨어져 살던 마르코가 소식이 끊긴 엄마를 찾아 떠나는 긴 여행을 그렸다. 이 애니메이션을 본 지 오랜 세월이 지났지만 마르코가 주머니에서 꺼낸 십자가 모양이 새겨진 동그란 빵과 밭에서 꺾어온 사탕수수를 바나나처럼 까서 한 입 베어 물던 장면은 아직도 잊히지 않는다.

이제는 독일 루르 지방Ruhrgebiet까지 가지 않아도 한국의 유명 제과점에서 브뢰첸Brotchen을 쉽게 찾을 수 있다. 버터와 달걀을 넣지 않고 이스트로만 굽는 순수 발효빵이라 맛이 맹맹하며 건강빵으로 분류된다. 겉은 바게트처럼 딱딱하지만 속은 아주 부드럽고 쫄깃하다. 반으로 잘라 버터를 바르고 소시지, 치즈, 피클 등을 넣어 먹으면 좋다. 당근이나 완두콩, 감자를 넣고 끓인 야채 스튜에 찍어 먹어도 한 끼 해결에 안성맞춤이다.

브뢰첸은 냉동실에서 보관하여 먹기 20~30분 전에 자연 해동하고 오븐에 살짝 구우면 본연의 맛을 살릴 수 있다.

How to

01 재료를 모두 넣고 반죽한다. 기름을 두른 볼에 반죽을 굴린 다음 35분간 발효시킨다.

02 반죽을 공 모양 8덩이로 나눈다. 반죽 윗면에 십자가 모양으로 홈을 내고 젖은 수건을 덮어 20분간 발효시킨다.

03 소다액 재료를 끓여 02를 넣고 양면을 30초씩 데친다.

04 키친타월에 올려놓고 물기를 살짝 제거한다.

05 180℃ 오븐에서 25분간 굽는다.

공기 주머니야 부풀어라
시리아
브레드

재료
밀가루 200g, 따뜻한 물 135ml, 올리브유 1큰술, 설탕 ¼작은술, 소금 ½작은술, 이스트 ½작은술

시리아 브레드를 곁들일 수 있는 요리는 아주 다양하다. 반을 잘라 후머스를 발라 먹어도 되고 빵 속의 비어 있는 공기 주머니를 야채와 고기로 채워 먹어도 좋다. 리코타 치즈 샐러드에 곁들여도 바게트 못지않게 제 몫을 다하며 샥슈카나 소야 소슬루 타욱과 함께 먹어도 일품이다. 집에서 간편하게 구워 먹는 데 주안점을 둔 만큼 손이 레시피를 외우도록 자주 구워보자. 오븐을 예열하기 귀찮다면 토르티야처럼 팬에서 구워도 되지만 뜨거운 열이 팽창해서 생기는 공기 주머니가 없는 점은 감안해야 한다.

| How to |

01 재료를 모두 섞어 10분간 치대고 랩으로 싸서 실온에 1시간 30분 둔다.
02 밀가루 여분을 손에 바르고 반죽을 공 모양 4덩이로 나눈 다음 납작하게 누른다.
03 250℃ 오븐에 넣어 5분간 굽는다.

디저트 학교 1학년 1학기 수업 시간에 배우는
파이 반죽

재료
박력분 250g, 소금 ½작은술, 차가운 버터 160g, 찬물 110ml

파이 반죽은 디저트를 만드는 데 아주 유용하다. 밀가루 사이사이에 버터가 스며들어 수천 겹이 부서질 듯 바삭하면서도 쫄깃쫄깃하다. 파이 반죽은 피칸파이, 키슈Quiche 같은 파이 패스트리나 바통슈크레, 팔미에 같은 퍼프 패스트리의 기본이다. 층상 구조를 만들려면 반죽을 여러 번 반복해서 접고 펴야 한다. 이 과정에서 시간이 꽤 소요되므로 반죽을 한꺼번에 만들어놓고 3~5mm 두께, 8절지 크기 정도로 평평하게 밀어 파이지를 만든 다음 랩으로 경계를 주어 얼려두면 필요할 때마다 꺼내서 편리하게 쓸 수 있다.

How to

01 버터는 작게 네모썰기하여 밀가루와 뭉치듯 섞는다. 이때 버터는 소보로처럼 으스러져야 한다.
02 30분간 냉장 보관한 다음 평평하게 밀고 3절 접기(오른쪽과 왼쪽을 50 : 50으로 접고 다시 위아래를 겹치게 접는다)를 3회 한다.

TIP • 파이지로 만들어 장기 보관할 경우 냉장실에서는 2일, 냉동실에서는 한 달까지 가능하다.

프랑스산 밀가루로 구운
바통슈크레

재료
냉동 파이지 1장, 황설탕 2큰술, 우유 1큰술, 달걀노른자 1개

왠지 오늘 아침에는 프랑스 알자스의 작은 빵집에서 종이 봉투에 막 담아준 것 같은 크루아상을 굽고 싶다. 진하게 내린 커피에 곁들일 바삭하고 달콤한 파이도 있으면 좋겠다. 현지의 맛을 내고 싶다면 우선 프랑스산 밀가루가 필요하다. 밀알이 잘 여물어 단백질을 단단하게 머금은 덕분에 빵은 더욱 맛있다. 또 글루텐 함량에서 정제 정도와 미네랄 함유량까지 세밀히 분류하기 때문에 프랑스 고유의 빵맛을 표현하는 데 딱이다.

바통슈크레Baton Sucrée는 달콤한 크러스트 파이에 설탕을 뿌리고 꾹꾹 눌러 고온에 단시간 구워내는 퍼프 패스트리다. 바통Baton은 프랑스어로 릴레이 경주에서 주자끼리 주고받는 막대기를, 슈크레Sucrée는 설탕을 뜻한다. 다 굽고 나면 눅눅해지지 않도록 종이 봉투에 담아두자.

| How to |

01 얇게 밀어 냉동시켜둔 파이지에 설탕을 흩뿌려 꾹꾹 누른다.
02 우유 1큰술과 달걀노른자 1개를 섞어 반죽 위에 잘 바른다.
03 우유와 달걀노른자 섞은 것이 흡수되면 반죽 위에 다시 설탕을 골고루 뿌린다.
04 200℃ 오븐에서 12분간 굽는다.

피오나 공주의 선물
팔미에

재료
냉동 파이지 1장, 설탕 2큰술, 시나몬 가루 ¼작은술, 소금 ¼작은술

팔미에^{Palmier}는 프랑스어로 야자수다. 야자수 잎 모양을 닮아서 이런 이름이 붙었다. 재미있게도 독일에서는 똑같은 레시피의 이 과자를 돼지의 귀를 닮았다고 해서 슈바이네오렌^{Schweineohren}이라고 부른다. 슈바이네오렌은 초콜릿을 녹여 과자 윗부분에 묻힌 뒤 굳혀 먹기도 한다. 패스트리와 초콜릿이 완벽한 맛의 조화를 이룬다.

팔미에의 좀 더 친근한 이름은 하트파이다. 프랑스에서는 슈퍼에서도 쉽게 사먹을 수 있을 만큼 만인에게 사랑받는 과자다. 여러 겹으로 된 층에서 내는 바삭한 맛은 사랑스러운 모양에 못지않게 훌륭하다. 만약 피오나 공주가 이 귀엽고 앙증맞은 파이를 구워 마녀에게 선물했다면 단박에 저주가 풀렸을지도 모를 일이다.

이 하트파이는 사랑하는 이가 있다면 자신의 마음을 표현하는 데 가장 좋은 선물이 될 게 분명하니 베이킹 준비를 서두르자. 팔미에는 가장 기본적인 퍼프 패스트리이기 때문에 미리 냉동해둔 파이지를 이용하면 30분 안에 구울 수 있다.

| How to |

01 냉동 파이지 양면에 설탕, 시나몬 가루, 소금 섞은 것을 골고루 뿌린다.
02 가운데를 기준으로 양쪽을 접고 한 번 더 반복한 뒤 포갠다.
03 냉장고에서 10분간 휴지한다.
04 1cm 두께로 썬 다음 귀 부분을 살짝 바깥으로 벌린다.
05 190℃ 오븐에서 10분간 굽고 뒤집어서 다시 9분간 굽는다.

치명적 매력의 주드로를 닮은
피칸파이

재료

냉동 파이지 1장, 메이플 시럽 200ml, 황설탕 180g, 생크림 100ml, 위스키 1큰술, 물엿 1큰술, 버터 3큰술, 소금 ½작은술, 달걀노른자 5개, 피칸 100g

결혼식 피로연이나 추수 감사절처럼 특별한 날이면 미국과 캐나다의 식탁에 어김없이 등장하는 것이 바로 피칸파이 Pecan Pie다. 피칸은 영양가가 높고 아몬드나 호두보다 순한 식감이 특징이다. 피칸에는 양질의 단백질인 트립토판이 다량 함유되어 있는데 두통이나 우울증에 효과가 있다. 이것은 생명체가 스스로 생합성 할 수 없는 필수 아미노산이기 때문에 피칸과 호두, 바나나 등의 음식을 통해 섭취해야 한다.

북아메리카 원주민은 단풍나무와 피칸 나무를 대단히 중요하게 여겼다. 단풍나무의 수액에서 채취한 메이플 시럽과 피칸 나무의 열매가 맛있는 파이를 선사했기 때문이다.

피칸은 한국에서 100g에 5,000원 정도로 상당히 고가이고 메이플 시럽 또한 높은 가격을 자랑하기 때문에 각각 호두와 콘 시럽으로 대체하기도 한다.

| How to |

01 파이지를 2mm로 얇게 밀어 파이 틀에 맞게 모양을 잡고 포크로 바닥을 찔러 부풀어 오르지 않게 한다. 200℃ 오븐에서 10분간 굽는다.
02 설탕, 생크림, 위스키, 물엿을 섞어 중불에 3분간 끓인다.
03 5분간 식힌 다음 버터와 소금을 넣는다.
04 10분간 식힌 다음 노른자를 잘 풀어 빠르게 저으며 조금씩 섞는다.
05 피칸의 반은 잘게 부셔서 04에 섞어 틀에 붓는다. 나머지 피칸은 그 위에 골고루 놓는다.
06 180℃ 오븐에서 10분간 굽는다.
07 온도를 160℃로 낮춰 30분간 굽는다.

TIP • 파이 크러스트를 좀 더 단단하게 하고 싶다면 기본 파이 반죽에 밀가루 40g을 넣어 반죽한다.
• 피칸파이는 보통 휘핑크림과 함께 곁들이는데 뜨거운 피칸파이에 아이스크림을 올려 먹는 것을 추천한다.

독일계 프랑스인의
프렌치
키슈파이

재료

냉동 파이지 1장, 달걀 3개, 페타치즈 180g, 체다치즈 60g, 시금치 1단, 볶은 견과류 60g, 드라이허브(오레가노) 1큰술, 올리브유 1큰술, 소금 한 꼬집, 후추 한 꼬집

30년전쟁 이후 유럽의 영토는 뒤죽박죽이 되었다. 그리고 270여 년이 흘러 1919년 베르사유 조약으로 로렌 지방은 독일에서 프랑스로 할양되었다.

당시 독일계 프랑스인들은 베이컨을 잘게 썰고 치즈를 가득 넣어 구운 파이를 즐겨 먹었는데 이 파이가 그 유명한 키슈 로렌$^{Quiche\ Lorraine}$이다. 이 파이의 이름은 로렌 지방의 소속령이 변경된 후에 바뀐 것으로 케이크를 뜻하는 독일어 쿠켄^{Kuchen}이 프랑스어 키슈^{Quiche}로 변했다. 키슈는 케이크를 뜻하는 가토^{Gâteau}와는 별개로 특정 명사화되어 사용 중이다. 달걀과 우유에 고기와 과일 등을 넣은 부드러운 커스터드를 바삭한 파이 크러스트에 채워 구우면 식사 대용으로 좋다.

| How to |

01 파이지를 2mm로 얇게 밀어 파이 틀에 맞게 모양을 잡고 포크로 바닥을 찔러 부풀어 오르지 않게 한다. 200℃ 오븐에서 10분간 굽는다.
02 팬에 견과류를 볶는다.
03 올리브유를 두르고 시금치를 소금 간해서 볶는다.
04 볼에 달걀, 갈아낸 체다치즈 40g, 으깬 페타치즈, 허브, 볶은 견과류, 시금치, 후추를 섞는다.
05 04를 파이에 붓고 체다치즈 20g을 갈아서 뿌린다.
06 여분의 파이 반죽을 얇게 밀어 파이 위에 뚜껑처럼 얹는다.
07 200℃ 오븐에서 20분간 굽는다.

아일랜드의
고린 할머니

　게이트가 몇 개 되지 않는 아일랜드 더블린의 작은 공항에 도착했다. 입국 수속을 마치고 나온 공항 바깥에는 분말을 뿌려놓은 것처럼 짙은 안개가 깔려 있다. 저만치서 노부부가 나를 향해 손을 흔들었다. 부모 곁을 떠나 이국땅을 밟은 것이 서러울 찰나 그 모습에 눈물이 날 만큼 반가움이 밀려왔다. 나의 달콤한 아일랜드 유학기는 그렇게 시작되었다.

　해가 저문 지 꽤 오래되었음에도 그들은 나와 함께 식사를 하기 위해 기다렸다고 했다. 주황색 조명의 식탁 아래 모여 앉은 우리는 꽤 가족 같았다. 낯선 땅에서 은발의 노부부와 그들의 딸 엘리엔과 함께 음식을 나누는 기분은 오묘했다.
　"자, 여기 있다."
　고린 할머니는 따뜻한 목소리로 말했다. 요리하는 동안은 말을 아꼈지만 본격적으로 식사가 시작되자 할아버지의 수다 사이사이에 말을 보탰다.
　"일본과 한국에서 학생이 여럿 다녀갔어. 이름이 하도 어려워서 외우지는 못해."
　어떤 학생이 기억에 남느냐고 물었더니 고린은 빵을 만지작거리며 건성으로 대답했다. 내 이름만은 기억해주십사 갖은 애교를 부릴 참이었다. 그들은 한국에 대해 이것저것 물었고 나의 대답에 놀라워했다. 아일랜드의 국민성은 한국과 많이 비슷했다. 아마 양국 모두 이웃 나라의 지배를 받아온 과거가 있기 때문인 듯하다. 가톨릭 국가로 결혼에 신중한 아일랜드인이지만 이제는 영국인과의 결혼이 빈번할 만큼 양국의 관계가 개선되었다고 했다.
　고린은 완두콩과 필라프, 비프스테이크를 한 접시에 적당히 올려주었다. 그리고 접시가 깨끗해질 즈음 오븐에서 디저트를 꺼내 왔다. 살짝 구운 바나나 위에 아이스크림을 올린 것인데 기가 막히는 맛이었다. 과일과 아이스크림을 오븐에 함께 굽다니! 여기서 내가 배워 갈 것은 영어가 아닌 고린의 요리겠구나 하는 생각이 들었다. 생각하기 나름이겠지만 나는 언제나 운이 좋았다. 이번 경우도 확실했다. 아일랜드에서의 첫날, 고린의 요리에 완전히 반해버렸다.

'초록'의 나라답게 공기마저 푸르스름했다. 집 앞을 나서면 조그만 골목길마다 세 잎 클로버를 닮은 트라이폴리엄이 가득 피어 있고 교차로를 지나 내리막길에 접어들면 저 멀리 방파제가 눈 안 가득 들어왔다. 그리고 수평선 너머 자욱이 피어오르는 물안개를 보며 10분 정도를 걸으면 학교 후문이 나왔다. 일본, 스페인, 멕시코 등지에서 온 학생들과 카페테리아에 모여 앉아 이야기를 시작하면 늘 홈스테이에 대한 불만이 빠지지 않았다. 집주인 가족과 다른 시간대에 식사를 한다는 친구도 있었고, 심지어 집주인이 본인이 먹는 것과 요리를 다르게 해 형식적으로 챙겨준다는 친구도 있었다. 이런 고충을 토로하는 학생은 일본인에 비해 멕시코인이나 한국인의 비율이 높았다. 비록 집주인들이 의도하지는 않았다고 해도 그런 처사는 인종차별적인 대우로 비칠 요지가 충분했다. 다행히 내 사정은 나쁘지 않았다. 그저 조용히 그들을 위로할 수밖에 없었다.

고린은 식사 시간을 정해놓았다. 나는 그들 부부와 함께 아침과 저녁을 먹었다. 한번은 선약이 있어 미리 말을 하지 못하고 밤 9시가 넘어 들어갔다. 고린은 다음 날 아침 내 손을 꼭 잡더니 혹시 약속이 있어 저녁 식사에 참석하지 못하면 미리 알려달라고 했다. 고린은 나를 기다리면서 걱정했던 것이다. 그다음부터 선약이 있는 날에는 반드시 미리 이야기를 했다. 고린은 내가 끼니를 거를까 봐 점심과 저녁 사이에 먹을 간식을 싸주었다. 그리고 눈이 오는 날에는 짧은 거리지만 할아버지가 학교까지 바래다주었다. 할아버지와도 조금 더 시간을 보내게 하려는 고린의 배려였다. 이처럼 고린은 미처 생각지도 못한 부분까지 나를 챙겨주었다.

 매일 달빛 아래 식탁에 모여 앉으면 나는 서툰 영어로 하루 동안 일어난 에피소드를 전하기 위해 애썼다. 엘리엔은 반짝거리는 눈으로 내 이야기에 귀를 기울였다. 그리고 자주 킥킥 웃으며 좋아했다. 처음에는 엘리엔이 내 어색한 영어를 비웃는 줄 알고 의기소침했지만 그녀는 본래 웃음이 많고 사람을 좋아했다. 소녀 같은 엘리엔은 나보다 10살 위의 언니로, 안타깝게도 다운증후군을 앓고 있었다. 하지만 그녀는 참 기발하고 영리했다. 내가 고민을 말하면 나와는 전혀 다른 관점으로 접근했지만 결국 내가 원하는 답의 근사치를 들려주었다. 중저음 톤으로 달콤한 이야기만 하려는 남자들보다 엘리엔과 이야기하는 것이 훨씬 즐거웠다. 그녀는 나의 훌륭한 친구였다.

 아일랜드에는 유서 깊은 맥주 공장이 많다. 한국에서 동일 브랜드의 맥주를 마시면 아일랜드에서 느꼈던 깊은 맛과 사과향이 나지 않는데, 그렇게 맛있는 맥주가 운송 과정을 거치면서 평범한 맛의 맥주로 변한다는 게 참 아쉽다. 아일랜드인은 아침부터 펍Pub에 들러 거품이 가득 올라간 생맥주를 즐긴다. 맥주 한 잔 값은 3~7유로 사이였고 그중 3유로짜리 맥주는 기네스였다. 기네스는 더블린의 한 양조장에서 처음 생산된 세계적인 흑맥주다. 할아버지는 프리미어 리그를 시청할 때 늘 기네스를 마셨다. 하지만 술을 잘하지는 못해 늘 반 병을 남겼다. 할아버지가 축구 경기를 본 다음 날 학교에서 돌아오면 식탁에는 고소한 비어 브레드가 놓여 있었다. 솜씨 좋은 고린 마법사가 김빠진 맥주를 빵으로 바꿔놓았던 것이다.

'초록'의 나라답게 공기마저 푸르스름했다. 집 앞을 나서면 조그만 골목길마다 세잎 클로버를 닮은 트라이폴리엄이 가득 피어 있었다.

아일랜드 시내 곳곳을 다녀봤지만 고린의 요리처럼 훌륭한 맛을 내는 식당은 흔하지 않았다. 자연스레 일찍 들어와 고린의 춤추는 듯한 요리 과정을 지켜보는 것을 즐겼다. 고린의 요리하는 모습을 보면 덴마크 영화 〈바베트의 만찬 Babette's Feast〉의 여주인공 바베트가 떠올랐다. 바베트는 소박한 마을에서 성대한 만찬을 선보이는 여자다. 고린도 바베트 못지않게 요리 솜씨가 훌륭했다. 요리가 완성되면 그녀는 주방 쪽으로 향해 있던 두툼한 허리를 유연하게 돌려 김이 모락모락 나는 접시를 내 앞에 내려놓고 빙그레 웃었다.

"마음껏 먹으렴."

고린의 사랑으로 나의 유학 시절은 오롯이 완성되었다.

할아버지가 즐겨 드시던
아이리시
비어 브레드

재료

박력분 100g, 베이킹파우더 2g, 소금 한 꼬집, 설탕 1큰술, 맥주 90ml, 녹인 버터 1큰술

아일랜드에서는 스코틀랜드 전통 빵인 스콘Scone을 구워 먹는다. 비어 브레드도 스콘처럼 담백한 맛이 나며 따뜻한 홍차에 달콤한 토핑을 곁들이거나 버터를 발라 먹으면 맛있다. 보기보다 딱딱하지 않고 부드러우며 은은하게 풍기는 보리 향이 일품이다. 먹고 남은 맥주가 있다면 아이리시 비어 브레드에 도전해보자. 버터와 달걀을 넣지 않아 만들기도 간단하고 1인분(약 70g)에 160kcal여서 살찔 부담도 없다. 무알코올 맥주를 사용해도 좋고, 일반 맥주를 쓰면 굽는 도중에 알코올은 증발하고 보리의 풍미만 남아서 아이들이 먹어도 걱정 없는 간식이다.

| How to |

01 재료에서 가루 종류를 모두 섞고 맥주를 부어 가볍게 반죽해 모양을 잡는다.
02 오븐 트레이에 01을 놓고 녹인 버터를 반죽 위에 부어 190℃ 오븐에서 45분간 굽고 10분간 식힌다.

Mrs. 오바마의
개럿팝콘

재료
전자레인지용 팝콘 1봉지, 견과류 50g,
캐러멜 시럽은 취향만큼

1927년 리글리 필드 Wrigley Field 에서는 시카고 컵스의 경기가 한참 진행 중이었다. 버터 냄새 가득한 팝콘을 등에 매고 있는 갈색 머리의 소년이 한참을 벽돌 담장을 응시했다. 소년의 입가에는 알 수 없는 의지가 서렸다.

"얘야, 어서 팝콘 한 봉지 주지 않으련!"

소년에게 손님의 채근은 들리지 않았다. 그로부터 10년 뒤 그 소년은 휑하던 외야 담장에 담쟁이덩굴을 심었다.

이 일화에 등장하는 소년이 바로 시카고 컵스 회장의 아들인 빌 벡 Bill Veeck 이고 시카코 컵스 구장의 상징인 담쟁이덩굴 펜스는 이렇게 탄생했다.

팝콘과의 인연을 간직한 도시답게 시카고는 '개럿팝콘 Garrett Popcorn'으로 유명하다. 1949년 처음 문을 연 이 팝콘 가게는 60년 이상이 지난 지금까지도 성업 중이며 시카고의 명물로 자리 잡았다.

개럿팝콘은 캐러멜 시럽을 팝콘에 묻혀 구워내 며칠이 지나도 바삭바삭한 맛이 유지된다. 온타리오 스트리트 매장의 환풍기를 타고 퍼지는 달콤한 향에 몰려든 긴 행렬은 가게 문을 넘어선 지 한참이다. 오랜 시간을 기다린 사람들은 가방보다 더 큰 팝콘 봉지를 걸머메고 행복한 표정으로 가게 문을 나선다. 시카고 다운타운을 걷다 보면 양손에 이 커다란 팝콘 종이봉투를 들고 있는 미국인들을 쉽게 볼 수 있다. 또한 시카고에서 매년 열리는 빛의 축제 행렬 때 개럿팝콘 트럭이 등장해 팝콘을 공중으로 튀겨내는 쇼가 펼쳐질 정도이니 그 인기가 어느 정도인지 알 것 같다. 미국 버락 오바마 Barack Obama 대통령의 부인 미셸 Michelle 도 개럿팝콘 마니아로 알려져 있다. 미셸은 오바마의 선거 유세차 시카고에 들렀을 때 잊지 않고 이 가게에 들러 팝콘을 사 먹었다.

한 가지 기분 좋은 사실은, 우리는 시카고에 가지 않더라도 충분히 개럿팝콘을 맛볼 수 있다는 것이다. 캐러멜 소스를 만들어 팝콘에 붓고 오븐에 넣어 뒤집으면서 골고루 구워준다. 일단 한 입 맛보고 나면 팝콘을 집는 손을 도저히 멈출 수 없을지도 모른다. 영화 세 편을 보는 동안 먹어도 될 만큼 넉넉하게 만들어 큰 볼에 수북이 담아 이웃에게 나눠주자. 윗집 부부가 나란히 앉아 〈인생은 아름다워 Life Is Beautiful〉를 볼 수 있게, 아래층 아이들이 〈해리포터 Harry Potter〉를 볼 수 있게.

| How to |

01 팝콘은 전자레인지에 넣고 포장지에 적힌 조리 시간만큼 돌린다.
02 콘이 다 튀겨지면 견과류와 뜨거운 캐러멜 소스를 부어 재빨리 섞는다.
03 02를 넓은 오븐 트레이에 쏟아서 평평하게 펼친다.
04 150℃ 오븐에 넣어 5분마다 저으며 20분간 굽는다.

TIP • 팝콘 표면에 좀 더 윤기를 내고 싶다면 캐러멜 소스를 만들 때 버터 대신 생크림을 넣는다.

팝콘과의 인연을 간직한 도시답게 시카고는 '개럿팝콘'으로 유명하다. 개럿팝콘은 캐러멜 시럽을 팝콘에 묻혀 구워내 며칠이 지나도 바삭바삭한 맛이 유지된다.

요리 속의 요리

식탁 위의
스윙

  뮤지컬에 '스윙'이란 역할이 있다. 잘 드러나지는 않으나 절대 없어서는 안 되며 여러 가지 역할을 수행해내야 하기 때문에 가장 능력이 있어야 한다. 많은 양이 필요하지는 않으나 빵과 음료, 요리의 부족한 부분을 뒷받침하고 때로는 완성시켜주는 다재다능한 캐러멜 소스는 스윙을 닮았다.

  캐러멜 소스는 핫케이크나 아이스크림, 구운 과일에 곁들이거나 팝콘에 발라 오븐에 구워 먹어도 좋다.

캐러멜 소스

재료 황설탕 220g, 물 60ml, 버터 100g, 실온 생크림 100ml, 베이킹소다 ⅛작은술, 소금 ½작은술

01 설탕에 물을 부어 젓지 않고 약불로 녹인다.
02 끓어오르면 불을 끄고 1분간 식힌 다음 생크림을 넣고 잘 섞는다.
03 버터, 소다, 소금을 넣고 잘 섞어 약불에 8분간 졸인다.

요리의 부족한 부분을 뒷받침하고 때로는 완성시켜주는 다재다능한 캐러멜 소스는 스윙을 닮았다.

케이크
로맨스

  누구든지 사랑하는 이가 있을 것이다. 그래서 모든 사람은 케이크 굽는 법을 알 필요가 있다. 낭만과 거리가 먼 사람이라면 팔짝 뛸 이야기이지만.
  '사주면 되지 꼭 만들어야 하냐'는 반문이 나올 수도 있다. 하지만 직접 만든 케이크의 힘은 생각 그 이상이다. 직장일로 바빠 부엌 출입이 뜸했던 엄마가 어느 날 케이크를 구워 식탁에 올려놓았다면 어떤 기분일까? 말다툼으로 한동안 연락을 끊고 지내던 친구가 생일날 직접 만든 케이크를 보내온다면 가만 있을 수 있을까? 생각지도 못한 선물에 당황스러울 수도 있지만 하루 이틀 시간이 지날수록 그 케이크는 당신의 가슴속에서 또렷해질 것이다.
  '맛'은 혀가 느끼는 감각 이상으로 뇌가 인지하는 감정을 움직인다. 예를 들어 남자 친구는 여자 친구가 선물한 초콜릿 무스케이크의 맛으로 여자 친구의 마음을 읽을 수 있다. 초콜릿이 달콤하게 혀에 녹아든다면 안심이지만 삼키기가 두려울 정도로 쓰다면 긴장해야 한다. 여자 친구가 99% 카카오로 만든 케이크를 선물했다면 분명 그녀는 남자 친구에게 토라져 있는 것이다.
  생일 무렵이나 눈 내리는 연말이 다가오면 가족, 친구, 연인이 생각난다. 존재만으로도 힘이 되어주는 그들에게 소리 내어 마음을 전한다.
  "부모님, 사랑합니다."
  "친구야, 태어나줘서 고맙다."
  "너와 함께할 수 있어서 행복해."
  그리고 이때 정성스럽게 구운 케이크가 빠질 수 없다. 말과 행동이 함께할 때 비로소 진심이 전달된다. 마음을 전하고 싶다면 요리로 표현하는 사람이 되어보자. 사람

누구든지 사랑하는 이가 있을 것이다. 그래서 모든 사람은 케이크 굽는 법을 알 필요가 있다.

들과 음식으로 정을 나누는 하루하루가 계속된다면 당신의 인생은 달콤해질 것이다.
　케이크를 굽는 레시피는 정말 다양하다. 달걀, 밀가루, 설탕만 있으면 카스테라 케이크를 만들 수 있다. 여기다 버터를 추가하면 좀 더 풍미 있고 단단한 스펀지 케이크가 완성된다. 특별한 케이크를 원한다면 필라델피아 크림치즈를 듬뿍 넣은 크림치즈 프로스팅이나 생딸기를 믹서기에 갈아 퓨레로 만든 다음 버터와 섞어 만든 크림으로 케이크를 장식해본다.

1993년 크리스마스에 구웠던
카스테라 케이크

재료 🍵
밀가루 140g, 달걀 4개, 설탕 140g, 베이킹파우더 1작은술

삼총사였던 우리는 초등학교 학창 생활을 마무리하며 의미 깊은 크리스마스를 구상했다. 한참 베이킹에 매료되어 있던 나는 친구들에게 케이크 굽기를 제안했다. 그리하여 정원은 제빵에 용이한 부엌을 제공하고, 나는 레시피를 만들고, 지영은 밀가루와 달걀을 들고 모두 다 의기양양하게 옷소매를 걷어붙였다. 공기로 빵을 만든 프리츠 하버Fritz Haber가 우리만큼 기뻤을까? 입에서 살살 녹는 케이크를 부모님 품에 안겨드리며 느꼈던 그 희열이란!

How to

01 밀가루는 베이킹파우더와 섞어 체에 3회 친다.
02 달걀흰자로 거품을 충분히 낸 다음 달걀노른자와 설탕을 조금씩 넣으며 섞는다.
03 01과 02를 가볍게 섞는다.
04 케이크 틀에 담고 바닥에 쳐서 기포를 뺀 다음 160℃ 오븐에서 30~40분간 굽는다.

요리 속의 요리

스펀지 케이크

재료 박력분 150g, 달걀 4개, 실온 버터 100g, 설탕 150g, 우유 1½큰술, 베이킹파우더 1½작은술, 베이킹소다 ½작은술

요리 과정은 카스테라 케이크와 동일하며 추가 재료를 03에서 함께 섞으면 된다. 뒤집어서 충분히 식힌 다음 장식한다.

진한 코코아의 유혹

데블스푸드 케이크

케이크 시트 재료 🍵
달걀 3개, 밀가루 270g, 실온 버터 160g, 무가당 코코아 가루 65g, 황설탕 280g, 베이킹소다 1작은술, 베이킹파우더 ½작은술, 소금 ½작은술, 끓인 물 240ml

초콜릿 프로스팅 재료 🍵
생크림 200ml, 초콜릿 220g, 꿀 1작은술

속살이 뽀얀 엔젤푸드 케이크의 짝은 진한 마호가니 빛깔의 데블스푸드 케이크 Devil's Food Cake다. 19세기 말 미국에서 처음 만들어졌다고 전해지는 이 케이크는 코코아 가루와 베이킹소다가 화학 반응을 일으켜 원래 코코아 가루보다 훨씬 진하고 깊은 색이 난다. 이런 색은 사람들로 하여금 악마의 음식을 연상하게 했다. 혀끝이 아릴 정도로 달콤하지만 촉촉한 빵과 쌉싸름한 코코아의 뒷맛이 어우러져 환상의 조화를 이룬다.

| 케이크 시트 How to |

01 버터에 황설탕, 달걀을 풀어 섞는다.
02 코코아 가루를 따뜻한 물에 녹인 다음 나머지 재료를 넣고 섞는다.
03 01과 02를 섞는다.
04 케이크 틀에 담고 바닥에 쳐서 기포를 뺀 다음 180℃ 오븐에서 35분간 굽는다.
05 케이크가 충분히 식으면 초콜릿 프로스팅을 올린다.

| 초콜릿 프로스팅 How to |

01 초콜릿과 생크림을 섞어 약불에 녹인다.
02 녹으면 꿀을 넣고 섞어 시원한 곳에서 2시간 이상 식힌다.

TIP • 케이크를 하루 동안 냉장 보관한 다음 초콜릿 프로스팅을 올려 먹으면 더 맛있다.

프랑스 크리스마스 케이크
뷔슈 드 노엘

케이크 롤 재료
박력분 65g, 달걀 3개, 실온 버터 35g, 설탕 75g, 우유 1½큰술, 베이킹파우더 1작은술, 베이킹소다 ¼작은술

생크림 재료
생크림 200ml, 설탕 40g, 레몬즙 ½작은술, 전분 1작은술

초콜릿 프로스팅 재료
생우유 2큰술, 코코아 가루 1큰술, 초콜릿 80g, 생크림 50ml, 설탕 1큰술

뷔슈 드 노엘 Buche de Noel 에는 사랑하는 사람에게 장작처럼 따스한 온기를 전하고 싶다는 뜻이 담겨 있다. 프랑스 사람들의 낭만적인 정서를 그대로 담은 이 크리스마스 케이크는 전통적으로 프랑스의 가정에서 땔감으로 사용하는 올리브나무나 체리나무의 장작을 닮았다. 이런 모양을 내기 위한 정통 레시피는 노란 스펀지 케이크에 초콜릿 크림을 바르고 버섯 모양으로 구운 머랭을 장식하는 것이지만 요즘에는 초콜릿 케이크에 모카크림을 바르기도 한다. 슈가파우더를 뿌리면 눈이 소복이 내린 크리스마스 분위기를 낼 수 있다.

케이크롤 How to

01 밀가루와 베이킹파우더, 소다를 섞어 체에 3회 친다.
02 달걀흰자로 거품을 충분히 낸 후 달걀노른자와 설탕을 조금씩 넣으며 섞는다.
03 01과 02, 버터, 우유를 잘 섞는다.
04 오븐 트레이(20cm×30cm)에 담아 180℃ 오븐에서 12분간 굽는다.
05 유산지 위에 뒤집어 올려 1시간 이상 식힌다.
06 생크림 재료를 모두 넣고 저속, 고속, 저속 순으로 휘핑한다.
07 생크림을 평평하게 바르고 유산지를 이용해 김밥 말듯이 동그랗게 만다.
08 초콜릿 프로스팅으로 장식한다.

초콜릿 프로스팅 How to

01 생크림에 설탕을 넣고 단단하게 휘핑한다.
02 막 끓기 시작한 우유에 초콜릿을 넣고 약불로 천천히 녹인다.
03 초콜릿이 다 녹으면 코코아 가루를 넣고 잘 저은 다음 01을 부어 섞는다.

TIP • 초콜릿 프로스팅은 따뜻한 크림 상태로 뿌리거나 냉장실에서 식힌 다음 사용해도 좋다.
• 식으면 응고되는 과정에서 포크로 나뭇가지 모양을 낼 수 있다.

너는 나의 휴일이었어, 세시렐라
당근 케이크

케이크 시트 재료 🥣

다진 당근 250g, 박력분 350g, 달걀 4개, 우유 80ml, 설탕 300g, 생강가루 1작은술, 다진 마늘 1큰술, 카놀라유 180ml, 호두분태 80g, 베이킹소다 1작은술, 베이킹파우더 2작은술, 시나몬 가루 2작은술, 소금 1작은술

크림치즈 프로스팅 재료 🥣

생크림 400ml, 크림치즈 350g, 슈가파우더 130g

도산공원 근처에는 까다로운 과정을 거쳐 비로소 완성되는 당근 케이크를 파는 가게가 있다. 이 케이크 가게 안내판에는 케이크 판매 수량을 1인당 2조각으로 한정한다는 공지와 함께 그럴 수밖에 없는 연유에 대해 적혀 있다. 사정인즉슨, 크림치즈가 다량으로 들어가는 케이크의 특성상 7시간의 냉장 숙성을 거치며 전 베이킹 과정이 수작업으로 이루어지기 때문에 대량으로 생산하기가 어렵다는 것이다. 경영에 조금이라도 관심이 있는 이라면 이를 마케팅 전략이라고 치부할 것이다. 그러나 나는 이런 생각이 들었다. '이 케이크에 사람을 중독시키는 성분이 가미된 건 아닐까?' 내가 이 당근 케이크를 과대평가하고 있는 것일지도 모른다. 하지만 한 가지 확실한 것은 이곳의 당근 케이크가 내게 무한한 영감을 주었고 복잡한 마음을 어루만져주었다는 사실이다.

| 케이크 시트 How to |

01 모든 재료를 섞는다.
02 케이크 틀에 반죽을 붓고 바닥에 쳐서 기포를 뺀다.
03 180℃ 오븐에서 45분 정도 굽는다.
04 충분히 식힌 뒤 시트를 반으로 자른다.

| 크림치즈 프로스팅 How to |

01 생크림에 슈가파우더 100g을 나눠 넣으며 휘핑한다. 너무 단단해지지 않도록 주의한다.
02 크림치즈에 슈가파우더 30g을 넣어 말랑해지도록 섞는다.
03 01과 02를 잘 섞는다.
04 완성된 크림치즈 프로스팅을 1시간 동안 냉장 숙성한다.
05 크림치즈 프로스팅을 케이크 표면에 2cm 두께로 매끄럽게 바른다.

TIP • 슬라이스 아몬드를 노릇하게 볶아 생크림에 곁들이면 느끼한 맛을 잡을 수 있다.
• 완성한 케이크를 2시간 냉동 보관하고 해동한 다음에 자르면 크림이 묻어나지 않고 매끄럽게 잘린다.

About
Soul Food

소울푸드$^{Soul\ Food}$: 영혼을 감싸주는 음식, 자신만이 간직하고 있는 고향의 맛.

소울푸드와 관련된 책이 쏟아지고 있다. 언젠가는 나만의 소울푸드를 정리한 책을 내고 싶을 만큼 내게도 이 주제는 각별하다. 소울푸드는 쉽게 말해 맛 이상의 특별한 기억이 담긴 '추억의 음식'이다.

주점에서 볼 수 있는 '추억의 도시락'이 바로 사람들의 이런 심리를 반영한 메뉴다. 사각의 양은통에 기름에 부친 소시지와 볶은 김치를 밥과 함께 놓고 그 위에 달걀 프라이를 올려 낸다. 어머니가 새벽같이 일어나 싸주시던 도시락처럼 사람들은 어느 시절에 먹었던, 잊지지 않는 강렬한 기억을 품은 음식을 그리워한다. 때로는 그 정도가 가슴에 사무친다. 이렇듯 기억이 더해지면 평범했던 음식은 힘을 갖게 된다. 특히 남성은 중년을 넘어서면 어머니의 손맛에 애착을 보이며 유아 시절의 기호로 되돌아간다고 한다.

"당신의 소울푸드는 무엇인가요?"라는 질문에 선뜻 대답하지 못하는 사람도 제법 된다. 하지만 미미하거나 작은 추억이라도 소울푸드의 재료가 될 수 있다.

사소한 추억도 소중하게 간직하는 편인 나는 소울푸드 이야깃거리가 꽤 많다. 요즘에도 순간순간 떠오르는 음식에 얽힌 기억 몇 가지를 풀어본다.

어려서 소라숙회를 정말 좋아했던 꼬마는 가족과 늘 가는 횟집에서 꼭 소라숙회를 먹었다. 어느 날은 엄마가 꼬마의 단골 메뉴를 깜빡하고 주문하지 않았다. 유난히 목소리가 작았던 여섯 살짜리 꼬마는 단 한 번도 직접 주문을 해본 적이 없었건만 아빠는 큰 소리로 주문을 해보라고 했다. 소라숙회가 간절한데 아무리 불러도 직원이 오지 않아 눈물이 왈칵 쏟아질 것만 같았다. 그 이후로 소라숙회를 먹을 때마다 '애간장'

타는 맛이 나는 건 왜일까.

영화 〈이프 온리 If Only〉에는 영국을 상징하는 세계적인 대관람차 런던 아이 London Eye 가 등장한다. 아일랜드 유학 시절 런던 아이를 타기 위해 친구와 영국으로 건너갔다. 더블린에서 히드로 공항까지 갈 때 라이언에어라는 저가 항공사를 이용했는데 그 삯이 겨우 2유로였다. 런던 아이 앞에는 버터 냄새를 풍기는 구멍가게가 있었다. 팔짱을 낀 연인들과 시끌벅적한 아이들 사이에 껴서 생크림을 가득 올린 버터 와플을 겨우 손에 넣었다. 하지만 런던 아이를 타려면 1시간 가까이 줄을 서서 기다려야 했다. 예약 시간에 맞춰 부리나케 달려온 탓에 배가 고팠지만 관람차 안에서 런던의 노을 지는 경치를 보며 먹으려고 꾹 참았다. 드디어 탑승할 차례가 되었다. 그런데 키가 2m는 되어 보이는 까까머리 아저씨가 다가오더니 눈을 부릅뜨고 말했다.

"관람차에 음식 반입은 금지야."

세상에 이럴 수가! 그 청천벽력 같은 소리에 결국 한 입을 베어 물고는 와플을 버릴 수밖에 없었다. 하지만 그때 그 와플은 내가 지금까지 먹은 와플 중에 가장 짜릿했다.

보나의 소울푸드
애플샬럿

재료
생사과 4개(1개당 200g), 달걀 3개, 설탕 190g, 밀가루 130g, 슈가파우더(또는 시나몬 가루) 약간

손발 끝이 저릿하다. 어두운 밤에 혼자 덩그러니 있노라면 그렇다. 허한 마음을 다스리기 위해 우유를 따뜻하게 데우고 애플샬럿을 곁들인다. 엄마는 꽃향기가 나는 파란 사과를 만병통치약이라고 하셨고 하루에 하나씩 드셨다. 그래서 보나의 집 베란다 한쪽에는 언제나 사과 상자가 상큼한 향기를 내뿜으며 자리를 지키고 있었다. 사과의 향은 무려 300종 이상의 성분이 합쳐진 것이라는데 그녀의 엄마는 사과 향만으로도 치유가 된다고 믿으셨다.

자연스럽게 보나의 집 요리에는 사과가 들어갔고 사과 닭도리탕, 사과 카레, 사과 케이크, 사과 피자, 사과 된장찌개처럼 모든 요리 이름 앞에 '사과'가 접두사처럼 붙었다. 사과는 빨간색이든 초록색이든 색깔에 상관없이 모두 맛있고 전혀 어울릴 것 같지 않은 재료와도 좋은 궁합을 이루었다.

보나네 가족의 사랑을 듬뿍 받는 스테디셀러 메뉴는 애플샬럿 Apple Charlotte 이다. 푸딩의 일종이지만 푸딩과 케이크의 사이쯤으로, 확실한 것은 다른 케이크에 비해 밀가루보다 과일의 비중이 훨씬 높다는 것이다. 어렸을 적에 보나는 이 푸딩의 식감이 케이크 같지 않다고 투덜거리면서 버터와 밀가루를 가득 넣어 스펀지처럼 푹신한 케이크를 만들어달라고 졸랐다. 그때마다 엄마는 이런 말로 그녀를 다독였다.

"러시아 여자가 예쁜 건 이 애플샬럿을 먹어서 그런 거야."

당시에는 엄마가 그럴듯한 말을 지어내는 거라고 생각했지만 사과의 섬유소는 실제로 제독 작용을 돕고 살결을 곱게 하는 효과가 있다. 사과를 많이 먹으면 미인이 된다는 엄마의 말은 근거가 충분했다. 또 그때는 미처 알지 못했지만 보나의 아빠는 당시 심혈관증을 앓고 계셨다. 그녀의 엄마는 병원에서 사과가 혈액을 맑게 해주는 알카리성 대표 음식이란 이야기를 듣고 아빠가 같은 음식에 물리지 않도록 늘 다양한 요리를 하셨던 것이다.

어릴 때는 하루하루가 쉴 새 없이 돌아가는 바람개비 같았다. 학교에서 돌아와

무거운 책가방을 던져놓고 샤워를 한 다음 학업 걱정일랑 물과 함께 씻어 보내고 가벼운 손가락으로 식탁 위에 예쁘게 놓여 있던 애플샬럿을 집어 먹던 그 순간이 얼마나 행복했던지. 돌아갈 수만 있다면 보나는 지금이라도 당장 과거행 티켓을 끊고 싶다.

 샬럿은 과일과 빵을 쌓아 만든 푸딩으로 다른 케이크에 비해 반죽보다 과일의 비율이 훨씬 높다. 과일을 아낌없이 넣어 슈가파우더를 솔솔 뿌려 먹는 프랑스의 디저트 푸딩 클라푸티Clafoutis와 닮았으며, 클라푸티에는 생크림과 버터가 듬뿍 들어가는 데 비해 샬럿에는 버터를 생략하거나 2큰술 정도 넣는다.

| How to |

01 사과를 사진처럼 잘라 준비한다.
02 밀가루는 체에 친다.
03 달걀노른자에 설탕 60g을 넣고 섞는다. 달걀흰자에는 남은 설탕을 나눠 넣으며 머랭(단단한 흰자거품)을 만든다.
04 달걀노른자에 머랭의 3분의 1을 덜어 섞는다. 여기에 밀가루를 넣어 골고루 섞은 다음 남은 머랭을 가볍게 섞는다.
05 케이크 틀에 반죽을 반쯤 붓고 사과를 넣은 다음 그 위에 다시 반죽을 붓는다.
06 180℃ 오븐에서 1시간 굽는다.
07 10분 이상 식혀 슈가파우더를 뿌려 먹는다.

TIP • 차갑게 먹어도, 따뜻하게 먹어도 맛있다.

샬럿은 과일과 빵을 쌓아 만든 푸딩으로 다른 케이크에 비해 반죽보다 과일의 비율이 훨씬 높다.

프랑스 샤비뇰 마을의
포도 농장

   부엌 창가 너머로 두런두런 말소리가 들린다. 고개를 돌려보니 창밖으로 포도를 가득 실은 수레 2대가 보인다. 바흐진이 엠마를 보고는 밝게 웃었다.
   "뭐하고 있었어? 특별한 날이니까 귀한 와인을 한 병 꺼내자."
   오늘은 바흐진과 엠마의 결혼 기념일이다.
   "디저트를 해볼까 했는데 우울해졌어요. 재료가 너무 많으니 정신이 어지럽기만 하네요."
   "조금만 기다려. 내가 예쁜 디저트를 차려줄게."
   바흐진은 달콤한 키스와 함께 포도를 건네고 급히 수레 쪽으로 뛰어갔다. 그러자 라울이 손사레를 쳤다.
   "형은 엠마랑 함께 있어. 결혼 기념일인데 나한테 맡기라고. 나도 이제 도멘의 어엿한 주인이야."
   바흐진과 라울 형제는 루아르에서 조부모로부터 물려받은 포도 농장을 함께 경영하고 있다. 그들의 할아버지는 포도나무의 연금술사로 불릴 정도로 뛰어난 오놀로그Oenologue, 포도주 양조가였으며 포도원은 점점 커져 지금의 재배 면적인 60ha에 달하게 되었다. 200년이 훌쩍 넘은 포도나무도 적지 않았는데 그 나무들은 정부에서 사람이 나와 관리할 만큼 귀중했다. 창고에는 오랜 기간 숙성된 와인이 5,000병도 넘게 보관되어 있었다. 이것들은 특별한 날이 아니면 쉽게 꺼내지 않았다.
   "그럴까? 그럼 간식을 만들고 있을 테니 수레만 제자리에 놓고 얼른 와."
   "그래."
   엠마는 사실 요리에 소질이 없었다. 바흐진은 엠마가 어지럽힌 부엌의 식재료를 정리한 다음 능숙하게 크레페 반죽을 꺼내 굽고 포도와 사과, 밀크 초콜릿을 크레페 위에 올리고 파슬리 줄기로 동여맸다. 그러면 주머니 모양의 프랑스 디저트 오모니에르가 완성된다. 평소에는 사과, 무화과, 아몬드를 으깨 넣지만 오늘은 재료가 없어서 냉장고에 있는 과일을 넣었다. 엠마는 옆에서 조금이라도 도우려고 파슬리 줄기를 다듬어 보자기처럼 위로 향하게 올려 조심스레 묶었다. 바흐진이 엠마의 그런 모습을 사랑스러운 눈길로 바라보자 그녀의 볼은 영롱한 와인처럼 발그레해졌다.

150℃의 오븐에 넣은 지 얼마 지나지 않아 크레페 색이 노릇노릇해지면서 달콤하고 향긋한 과일 향이 포도 농장 곳곳에 퍼졌다. 초콜릿이 흘러나올 것에 대비해 오목한 접시를 내고 뜨거운 크레페에 바닐라 아이스크림을 올릴 준비를 했다.

라울은 돌아오는 길에 창고에 들러 성심껏 고른 와인을 내보였다.

"20년 전에 아버지와 함께 수확한 포도 기억하지? 바로 그거야."

그해에는 일조량과 강수량이 완벽한 조화를 이루어 역대 최고 품종의 포도를 수확할 수 있었다. 그 빈티지 와인은 해가 거듭될수록 품질에 대한 인정도가 높아져 고가로 치솟았다. 그런데 이렇게 소중한 때 맛을 보게 되니 더욱 뜻 깊었다.

"맛이 섬세해. 그리고 우아하면서 풍만해, 대단한걸."

바흐진은 건배하며 엠마에게 진실로 그녀를 소중하게 여긴다는 눈빛을 보냈다.

낭만을 식탁으로 부르는
오모니에르
오 푸르트

크레페 재료
밀가루 120g, 설탕 40g, 달걀 1개, 실온 버터 1큰술, 우유 240ml

오모니에르 오 푸르트 재료
오로블랑코, 초콜릿, 구운 캐슈넛

오모니에르Aumoniere는 프랑스어로 주머니라는 뜻이다. 크레페를 주머니 모양으로 올려 묶고 그 안에 무화과, 키위 등 취향에 맞게 여러 가지 과일을 채워 넣는다. 사과Pommes와 초콜릿을 넣어 굽는 오모니에르 오 포메Aumoniere au Pommes가 대표적이며 초콜릿 대신 크림이나 양젖 치즈를 넣기도 한다. 이 디저트는 그 존재만으로도 샤비뇰 마을의 낭만을 식탁으로 불러온다.

| 크레페 How to |

01 크레페 재료를 모두 섞어 체에 거른다.
02 팬에 기름칠을 하고 키친타월로 살짝 닦아낸 다음 반죽을 한 국자 떠서 넓게 퍼지도록 두른다.
03 센 불에 1분간 구운 다음 불을 끄고 뚜껑을 덮어 1분간 둔다. 식으면 살짝 떼어낸다.

| 오모니에르 오 푸르트 How to |

01 크레페에 초콜릿과 캐슈넛을 깔고 먹기 좋게 자른 오로블랑코를 올린다.
02 오로블랑코 껍질이나 허브 줄기 등을 이용해 크레페를 주머니 모양으로 묶는다.
03 150℃ 오븐에서 6분간 굽는다.

〈오로블랑코〉

오로블랑코Oro Blanco는 청자몽과 비슷한 과일로 자몽보다 신맛이 덜하고 달콤하다. 껍질이 절기에 따라 초록색에서 레몬색으로 변하며 연두색일 때 가장 맛있다. 오로블랑코는 여성의 미용에 대방면으로 좋다. 향이 식욕을 떨어뜨려 식사량을 조절하는 데 도움이 되고, 비타민 C가 풍부해 피부 미용에 탁월하며, 비교적 당 지수가 낮고 적은 양으로도 포만감을 주기 때문에 잘 이용하면 체중조절 효과를 볼 수 있다.

처음 맛보았을 때의 선연한 감동

뉴질랜드 파블로바

재료 1
설탕 200g, 달걀흰자 4개, 좋아하는 과일

재료 2
생크림 300ml, 설탕 50g, 레몬즙 1작은술, 전분 2작은술

파블로바 Pavlova를 처음 맛보았을 때의 감동은 아직도 선연하다. 겉은 바삭하고 속은 마시멜로처럼 쫄깃하다. 부드러운 빵에 달콤한 생크림을 얹고 상큼한 제철 과일로 장식한 파블로바는 맛있는 디저트를 먹을 권리가 있는 이상 반드시 맛보아야 하는 디저트다. 그 맛이 화려한 모습만큼 아찔하게 달콤하여 호불호가 뚜렷할 것 같지만 오세아니아에서는 마트에서 파블로바 반죽을 따로 판매할 만큼 절대적인 지지를 받고 있다.

파블로바는 원래 뉴질랜드를 방문한 한 러시아 여인에게 바쳐진 것이다. 그 여인은 바로 1905년 〈빈사의 백조 The Dying Swan〉로 널리 이름을 알린 세계적인 발레리나, 안나 파블로바 Anna Pavlova다. 파블로바는 영국에 머물며 17년간 세계 각국을 순연하던 중 1926년에 뉴질랜드를 방문하게 되었다. 파블로바가 머물렀던 웰링턴 호텔의 셰프는 그녀의 방문에 대한 무한한 영광과 기쁨을 전하기 위해 며칠을 고심한 끝에 이 디저트를 개발해 극진히 대접했다. 발레리나의 이름을 따서 만든 이 디저트는 100년이 넘는 세월을 거쳐 이제 우리의 식탁에 오를 차례다.

| How to |

01 달걀흰자에 설탕을 3회에 걸쳐 넣고 휘저어 머랭을 만든다.
02 국자 등을 이용해 오븐 트레이에 2덩이로 나누어 놓는다.
03 130℃ 오븐에서 1시간 굽는다.
04 재료 2는 모두 섞어 삼각뿔이 서도록 단단하게 휘핑한다.
05 구운 머랭을 충분히 식히고 생크림과 과일을 듬뿍 올려 마무리한다.

루이 14세의 과자

프랑스 남부의
마카롱

재료
아몬드 가루 90g, 슈가파우더 50g, 설탕 50g, 달걀 흰자 2개

울적할 때면 샤를드골 공항에서 베어 물었던 연두색 마카롱을 떠올린다. 물기라고는 전혀 없이 마른 겉면을 씹는 순간 포근한 속살이 목젖을 스쳐 내려간다. 첫사랑처럼 순간에 아련해지는 맛, 내게 프랑스는 와인보다는 마카롱의 나라다.

마카롱은 날씨에 예민해 여름에는 선풍기, 겨울에는 온풍기를 대령해야 한다. 하지만 이런 까다로운 조건에 대한 보상이라도 되는 양 그 맛과 자태는 독보적이다. 마카롱은 높은 인기만큼이나 기원도 다양하다. 그중 유명한 설은 남서부 바스크 지방의 생장드뤼즈 출신 셰프, 아담의 이야기다. 1660년 그는 루이 14세의 결혼을 축하하기 위해 마카롱을 구워 바쳤다. 루이 14세가 종종 들렀다는 아담 셰프의 제과점 메종아담 Maison Adam은 350년이 지난 지금도 아침이면 문을 연다. 본래 마카롱은 아몬드 파우더와 머랭으로 만든 아주 간단한 쿠키였다. 그러나 프랑스의 각 마을에서 레시피가 변모해 지금처럼 다양한 모습에 이르게 되었다. 몽모리용과 생장드뤼즈, 생테밀리옹 등의 프랑스 남부지방은 지금도 부산스러운 절차 없이 손쉽게 마카롱을 만들고 있다. 4가지 재료만 있으면 30분 안에 구울 수 있을 만큼 간단하다. 좋아하는 허브나 과일 가루를 1큰술 정도 넣어 은은하게 색과 향을 내도 좋다. 표면을 매끄럽게 만들려면 반죽을 짠 후에 1시간 정도 약한 바람에 건조시켜 손에 묻어 나오지 않을 때 굽는다.

| How to |

01 아몬드 가루와 슈가파우더는 체에 쳐놓는다.
02 흰자에 설탕을 조금씩 넣고 휘저어 머랭을 만든다.
03 01을 섞고 반죽이 묵직해지면 짤주머니에 넣어 유산지에 동그랗게 짠다.
04 160℃ 오븐에서 12분간 구운 다음 30분가량 식힌다.

프라하의 장미꽃과
트르들로

재료

강력분 300g, 이스트 2작은술, 설탕 4큰술, 소금 1작은술, 우유 170ml, 실온 버터 2큰술, 시나몬 가루 1작은술, 황설탕 1큰술, 손에 묻힐 기름 약간, 달걀물 약간

    체코의 체스키 부데요비치의 사람들은 맥주로 미각을 깨운다. 새하얀 포대기에 싼 갓난아기를 둘러업은 젊은 부부가 맥주를 마시는 모습이 심심치 않게 눈에 띈다. 등에 업힌 초록 눈의 갓난아기도 문화를 계승하려는 듯 진지한 눈빛이다. 황금빛 거품의 필스너 우르쿠엘과 밤하늘을 닮은 프라하의 전통 흑맥주는 깊고도 우아한 맛을 자랑한다. 햇빛이 쨍쨍한 대낮에도 바츨라프 광장의 웨이터들은 양손에 맥주잔 12개를 끼워 부지런히 나른다. 베로니카 할머니는 장미 한 다발을 무릎에 다소곳이 두고 캐러멜 향이 나는 맥주를 마시고 있다. 체코인은 매주 거르지 않고 장미를 살 만큼 장미 사랑이 대단하다고 들었다. 베로니카는 장미와 맥주 둘 다 놓칠 수 없는 모양이다.

    "나 즈드라비 Na Zdravi, 건배!"

    베로니카는 하얀색 종이봉투에서 동그랗게 말려 올라간 회오리 모양의 빵을 꺼내 길게 뜯었다. 체코의 전통 빵 트르들로 Trdlo다. 한국에서 길거리 간식으로 호떡이 인기 있는 것처럼 체코의 거리에서는 트르들로를 들고 있는 이들을 쉽게 볼 수 있다. 이 빵은 동그랗고 길다란 무쇠 틀에 밀가루 반죽을 돌돌 말아 구운 것이다. 무쇠 틀은 반죽이 골고루 익을 수 있도록 360도 회전하게 만들어졌다. 빵이 다 구워지면 겉에 계피가루와 설탕을 골고루 묻힌다. 갓 구운 빵은 담백하면서도 달달하다. 맥주에 곁들이는 이유를 알 만하다.

How to

01 반죽하는 방법은 우유 식빵(225쪽 참조)과 같다. 손에 기름을 묻혀 길게 늘인 다음 틀에 뱅그르르 감아 반죽 모양을 잡는다.
02 반죽 표면에 달걀물을 묻히고 황설탕과 시나몬 가루를 섞어 골고루 바른다.
03 180℃ 오븐에서 8분간 구운 다음 살짝 식혀 황설탕과 시나몬 가루를 넉넉히 묻혀 먹는다.

포르투갈 도넛
말라사다

재료

박력분 130g, 설탕 60g, 달걀 1개, 베이킹파우더 2g, 소금 2½g, 버터 35g, 시나몬 가루 1작은술, 묻힐 설탕 적당히

말라사다 Malasadas 는 포르투갈령 마데이라 섬의 원주민이 처음 만들었다. 사순절이 시작되기 전날에 마르디그라스 Mardi Gras 축제를 마무리하기 위해 집에 남은 모든 기름과 설탕을 써서 빵을 구웠고 이것이 전통이 되었다.

포르투갈어로 '빛에 구운'이라는 뜻의 말라사다는 달걀과 밀가루를 반죽해 기름에 튀긴 빵으로 따끈따끈할 때 굵은 설탕을 뿌려 먹거나 개인 취향에 따라 코코넛 크림이나 커스터드 크림 등으로 속을 채워 먹기도 한다.

말라사다는 영화 〈하와이언 레시피〉에서처럼 일본인에게 인기가 좋은 과자다. 실제로 하와이에 말라사다로 유명한 가게가 있다. 가게 이름은 창업주의 이름을 딴 레오나드 베이커리다. 레오나드 씨는 포르투갈인으로 조부모를 따라 하와이로 건너왔고 1952년에 이 가게를 열었다. 빼어난 맛을 자랑하는 레오나드의 말라사다는 하와이에 거주하는 일본인 이민자에게 특히 사랑받는 간식이며 말라사다의 기원지를 포르투갈이 아닌 일본으로 헷갈리게 한 장본이다.

| How to |

01 달걀, 소금, 설탕, 시나몬 가루를 넣고 젓는다.
02 01에 중탕으로 녹인 버터를 넣어 다시 젓는다.
03 나머지 재료를 넣고 손으로 치댄다.
04 공기가 생기지 않게 뭉친 채로 10분간 둔다.
05 밀대로 넓게 펴서 원하는 모양으로 만든다.
06 튀김용 기름을 준비한다. 반죽 한 덩이를 넣었을 때 떠오르는 온도에서 중불로 낮추고 7~10개를 5분간 튀긴다.
07 유산지 위에서 식힌 다음 설탕을 묻혀 예쁘게 담아 낸다.

TIP • 차가운 상태의 달걀을 버터와 섞으면 유지 분리가 일어날 수 있으므로 실온 상태의 것을 사용한다.

꽃양배추처럼 부풀어라
슈크림

재료
물 250ml, 버터 90g, 밀가루 135g, 달걀 큰 것 4개, 설탕 1큰술, 소금 ½작은술

슈크림Chou à La Créme에서 슈Chou는 프랑스어로 꽃양배추라는 뜻이다. 익반죽과 오븐의 온도 조절에 주의한다면 속은 고르게 비어 있고 겉면은 꽃처럼 부푼 퍼프를 만들 수 있다.

프랑스에서는 전통적으로 결혼하는 부부를 위해 슈크림을 켜켜이 쌓아올린 케이크를 굽는다. 이 웨딩 케이크는 '입안에서 바삭거린다'라는 뜻의 크로캉부슈Croquembouche로, 슈를 구워 캐러멜을 바르고 크리스마스 트리 모양으로 붙인다. 보기 좋은 모양만큼이나 정성이 가득 들어간 케이크다.

| How to |

01 밀가루는 체에 친다.
02 물, 버터, 설탕, 소금을 모두 넣어 펄펄 끓이고 중불로 낮춰 밀가루를 넣은 다음 30초간 빠르게 저으며 익반죽해 불을 끈다.
03 02를 충분히 식힌 다음 달걀을 하나씩 넣어 반죽한다.
04 오븐 트레이에 기름칠을 하고 간격을 넉넉히 잡아 동그란 모양으로 짠다.
05 분무기로 물을 3~4회 충분히 뿌린다.
06 220℃ 오븐에서 10분간 굽다가 190℃에서 10분 굽는다. 이때 도중에 오븐 문을 열면 퍼프 모양이 가라앉으니 조심할 것.
07 충분히 식힌 다음 크림을 넣어 냉장 보관한다.

요리 속의 요리

빵을 굽는 데 필요한
맛있는 크림

크렘 파티시에 Creme Patissier는 슈에 넣어 먹는 커스터드 Custard 크림이다. '제과사의 크림'이라는 이름값을 하듯, 한 제과점의 평점을 좌지우지할 만큼 다양한 재료의 기본이 된다. 달걀노른자가 다량으로 함유되어 보관 기간이 길지 않으므로 조금씩 만들어 사용하거나 아이스크림으로 만들어 먹는다. 크렘 파티시에는 달걀 함량이나 끈적임의 정도, 섞는 재료에 따라 종류가 다르다. 생크림을 섞으면 고소하면서도 담백한 맛이 나는 크렘 레제 Creme Legee가 된다.

크렘 파티시에

재료 우유 200ml, 설탕 50g, 바닐라빈 1개(또는 바닐라 가루 2큰술), 달걀 노른자 2개, 강력분 20g, 전분 2작은술

01 우유, 바닐라빈을 넣고 끓인다.
02 달걀노른자, 설탕, 밀가루, 전분을 섞어 01에 붓는다.
03 약불에 2분간 졸인 다음 체에 받쳐 완전히 거른다.
TIP • 체에 거를 때 되게 익은 부분도 모두 걸러내어 섞는다.

크렘 레제

재료 크렘 파티시에 재료, 생크림 300ml, 설탕 60g

01 생크림에 3회에 걸쳐 설탕을 넣고 저속, 고속, 저속 순으로 휘핑한다.
02 크렘 파티시에와 01을 섞어 냉장 보관했다가 차갑게 먹는다.

크렘 파티시에는 슈에 넣어 먹는 커스터드 크림이다. '제과사의 크림'이라는 이름값을 하듯, 한 제과점의 평점을 좌지우지할 만큼 다양한 재료의 기본이 된다.

크렘 레제로 2분 만에 만드는
아이스크림

재료
냉동 망고 1개, 오레오 쿠키 2개, 초콜릿 50g, 캐슈넛 10개, 크렘 레제 240g

| How to |

각 재료와 크렘 레제를 믹서기에 넣고 간 다음 냉동실에서 2시간 굳힌 후 낸다.

망고 아이스크림 냉동 망고 1개+크렘 레제 1스쿱(60g) **오레오 아이스크림** 오레오 쿠키 2개+크렘 레제 1스쿱 **초콜릿 아이스크림** 초콜릿 50g+크렘 레제 1스쿱 **캐슈넛 아이스크림** 캐슈넛 10개+크렘 레제 1스쿱

고소하게 씹히는

체리 요구르트 아이스크림

재료
떠먹는 요구르트 2개(160g), 슈가파우더 3큰술, 우유 30ml, 생크림 150ml, 다진 체리 100m, 알갱이가 작은 견과류(해바라기씨) 2큰술

| How to |

01 생크림은 슈가파우더를 넣어 단단하게 휘핑하고 나머지 재료는 모두 섞는다.
02 얼음물에 받친 차가운 볼에 01을 넣어 거품 내듯 휘젓고 2시간 동안 냉동 보관하여 낸다.

TIP • 얼음물 위에서 오래 휘저을수록 식감이 부드러워진다.

오븐에 굽지 않는
치즈 케이크

재료
다이제스트 쿠키 3개, 견과류 20g, 꿀(또는 메이플 시럽) 2큰술

치즈 재료
크림치즈 1통(200g), 레몬즙 1큰술, 설탕 45g, 생크림 120ml

'오늘은 오븐 근처에 얼씬도 않겠어.'

불가사리 색 오븐에서 밀가루 익는 냄새가 모락모락 올라 부엌을 채운다. 그 향만으로도 마음과 몸이 풍족해지는 기분이다. 아마 삼림욕을 하며 피톤치드를 마시면 스트레스가 풀리는 것과 비슷한 이치일 것이다.

한때 빵 굽는 냄새에 빠져 부엌에서 생활하는 시간이 너무 많아진 탓에 빵을 굽지 않겠다고 다짐했던 적이 있다. 무언가에 깊이 빠지기 전에 스스로를 제어하는 것이 멋지다고 생각하던 때였다. 그런데 무언가를 억제하다 보면 늘 엉뚱한 생각이 떠올랐다.

'오븐이 필요 없고 구워도 냄새가 나지 않는 디저트가 있겠지?'

오븐 없이 만들 수 있는 빵은 티라미수와 치즈 케이크 정도다. 전자레인지에서 한기가 나와 급속으로 냉각해주는 기능이 있으면 좋겠지만 아쉽게도 그런 기술은 아직까지는 없다. 냉동실에서 5시간이라는 인고의 시간을 거치자 입안에서 소르르 녹는 치즈 케이크가 완성되었다.

| How to |

01 크림치즈, 레몬즙, 설탕을 골고루 섞는다.
02 휘핑한 생크림에 01을 섞고 30분간 냉동 보관한다.
03 쿠키와 견과류를 잘게 부숴 꿀을 섞은 다음 틀에 깔고 02를 올린다.
04 5시간 동안 냉동 숙성한 뒤 1시간 해동하여 낸다.

가루이자와의
벚꽃

널 보러 가는 길에 주변의 움직이는 모든 사물이 2배 속도로 흘러간다. 평소 잘 다투지도 않는 너와 티격태격한 다음 날 밤 전화가 걸려왔다. 하나 둘 셋······. 벨이 일곱 번 울렸다.
"······ 여보세요?"
그렇게 밀고 당기며 우리는 같은 색으로 물들었다. 말이 없고 조용한 너, 그리고 수다스러운 나. 우리는 너무 달랐지만 같은 곳을 바라본다는 이유로 늘 함께했다. 각각 가루이자와와 서울에 살던, 도저히 만날 수 없을 것만 같던 두 사람이 줄탁동시로 끈을 잡아당겼다.
그래서 사랑을 '기적'이라 생각했다. 미소 지으며 잠들 수 있게 해준 사람. 차가운 내 손을 따뜻하게 꼭 잡아주던 사람. 향수보다 화분을 좋아하고 귀걸이보다 곰인형을 좋아하는 내 어리광스러운 취향을 이해해준 사람. 투명하지만 쓰디쓴 소주처럼 결코 무난하지 않은 나를 사랑스럽게 어루만져주던 사람이 바로 그다.
벚꽃 랑데부를 꿈꾸며 설레는 마음으로 봄을 기다렸다. 부엌에 들어가 소중하게 말린 벚꽃잎을 몽땅 부어 설탕과 꿀, 약간의 라임즙을 넣고 약불에서 쫀쫀하도록 졸여 연분홍색이 부끄럽게 감도는 벚꽃잼을 완성했다. 그제서야 흥분이 조금 가라앉았다.
쿵쾅거리는 심장, 미세하게 떨리는 숨소리를 그가 눈치챌까 화장실을 다녀오겠다며 금세 자리를 비웠다.
내가 만든 벚꽃잼은 그의 가족의 입맛에 맞지 않았다. 묽어서 흘러내리는 맛이 푸딩 같다고, 이건 잼이 아니라고 했다. 꽃잎으로 잼을 만들려면 어쩔 수 없는데. 벚꽃잎이 좀 더 단단했으면 좋았을걸.

말이 없고 조용한 너, 그리고 수다스러운 나. 우리는 너무 달랐지만 같은 곳을 바라본다는 이유로 늘 함께했다.

　머리끝부터 발끝까지 저리는 기분. 날카로운 못으로 가슴을 찍고 둔탁한 나무망치가 발등을 찍는 느낌. 온몸이 아파왔다. 엄살 부리지 않으려고 입술을 깨물었다. 내가 아파하면 너는 곱절로 아플까 봐.
　언젠가 그런 말을 들은 적이 있다. 리좀^{Rhyzome}처럼 하나가 죽어도 또 하나의 뿌리로 잎을 살리는 연뿌리 같은 사람이 되라고. 뿌리가 하나뿐인 수목형으로는 이 세상을 견딜 깜냥이 없다고.
　봄은 내 사랑을 허락하지 않았지만 또다시 꽃잎을 피우게 했다. 연뿌리는 떨어져 흙이 되었고 그 흙은 작은 새싹을 피웠다. 그리고 나는 또다시 향기를 내뿜는 꽃이 되었다.

봄에 벌어진 상처에는
벚꽃 잼

> **재료**
> 물 180ml, 벚꽃잎 250g, 유기농 백설탕 190g, 펙틴 5g, 레몬즙(또는 라임즙) 2큰술, 적양배추즙 2큰술, 소금 ½작은술

4월이 오면 식탁에 봄을 초대한다.

봄을 초대하려면 우선 작은 바구니 하나를 들고 마을에 만발한 벚꽃 서리에 나서야 한다. 벚꽃 말린 잎을 구하기란 녹록지 않기에 겹벚나무 두 그루를 키우는 이웃에게 조심스레 부탁을 드려본다. 잼을 만들어 드리겠다는 약속을 하기도 전에 그분은 흔쾌히 서리를 승낙한다. 부드러운 손길로 꽃잎을 따다 보면 색만큼 진한 향에 취한다.

일본에서는 벚꽃을 요리에 즐겨 사용한다. 벚꽃잎에 소금과 설탕을 2 : 1 비율로 넣어 절임으로 먹는다. 또 생선찜의 향을 좋게 하기 위해 사용하기도 하고, 벚꽃잎을 넣어 '사쿠라 만두'를 빚는다. 벚꽃 잼처럼 꽃잎을 이용해서 만든 잼은 과일 잼과는 달리 산과 펙틴 성분이 부족하기 때문에 레몬 껍질이나 사과 껍질, 산딸기즙 등을 첨가해 젤화를 도와야 한다. 잼이 묽기 때문에 따뜻한 차에 넣어 마셔도 좋다.

| How to |

01 벚꽃잎은 꽃봉오리 몇 개만 두고 씻은 다음 물기를 뺀다.
02 끓는 물에 모든 재료를 넣고 잘 섞어 약불에 1시간 이상 졸인다.
03 소주로 소독한 유리병에 보관하고 10일 이내에 먹는다.

Epilogue.

　뭐든 심각하게 고민하지 않았다. 하지만 탐닉할 줄 아는 삶의 방식은 지금의 나를 만들었다고 믿는다. 요리에서도 마찬가지였다. 주섬주섬 냉장고에서 남은 감자와 말라버린 당근을 꺼내 마음 가는 대로 썰고 냉동실에 얼려두었던 파와 완두콩을 넣어 올리브유에 볶는다. 냉장고에 남아 있던 버터와 브루고뉴에서 넘어온 머스터드, 발사믹식초를 조금 넣고 곰삭은 간장 한 술에 후추를 뿌린다. 이제 씹는 맛을 더해줄 재료를 추가해 요리의 완성도를 높일 차례다. 한 달 전쯤 큰마음 먹고 사놓은 한우 등심을 듬성하게 썰어 넣고 화공 실력을 뽐내며 마구 볶는다. 사람들은 귀한 한우에 양념을 하면 아깝다고들 하지만 난 그렇게 생각하지 않는다. 하루 전 마시고 남은 김빠진 콜라를 100ml 정도 넣어 센 불에 볶아내니, 윤기가 흠치르르 흐르는 맛있는 요리가 완성되었다. 이렇듯 손대중으로 만든 요리는 보기에도 자연스럽고 맛도 훨씬 좋은데 막상 책을 쓰려고 요리를 하다 보니 마음이 앞서고 손이 굳어 자연스럽지가 않았다. 촬영하느라 식어버린 음식을 아무런 불평 없이 맛있게 먹어준 친구가 이 책의 반을 완성했다고 해도 과언이 아니다. 고맙다는 말을 전한다.

　학창 시절, 장래 희망을 적는 시간이면 물리를 좋아했던 중학교 1, 2학년 때는 '우주비행사'를 적었고 그 이후 4년 동안은 '작가'로 칸을 채웠다.

　"밀리언 셀러 작가가 되려면 하루에 50글자씩은 꼭 적어 버릇해야 한다."

　아빠의 조언대로 15년이 넘게 일기를 썼다. 결출한 글솜씨를 위해서라기보다는 사실 친구들에게 속 깊은 이야기를 하지 못하는 성격 탓에 일기장에 떠오르는 대로 끼적인 것들이다. 가끔씩 펼쳐보면 차마 읽기 부끄러운 생경한 문장이 가득하다.

　스무 살 되던 해 성년의 날을 보내고 나서 일기장과 비행기 티켓만 챙겨 곧잘 여행을 떠났다. 그간 책에서만 보았던 세계 속 숨은 마을을 찾아다니며 여러 사람들을 만나 이야기하는 것이 좋았다. 배낭 하나만 맨 동양 여자아이가 식당 한편에 자리를 잡고 앉아 아기 공룡처럼 먹는 모습이 신기했는지 현지인들은 호기심 가득한 눈빛을 보냈다. 배시시 웃으며 음식 사진을 연신 찍는 내게 좋은 사람들이 선뜻 다가와주었다. 여행길은 순탄했고 늘 운이 좋았다. 의심투성이인 내가 뜻은 하늘에 맡기고 마음을 여니 장소는 순연해지고 진가를 발휘했다. 또 많은 것을 보려고 하기보다 한곳에 머물며 관조하려 했기에 가능했을 것이다.

　유명 관광지 앞 벤치에 앉아 있으면 사진만 찍고 우르르 떠나버리는 관광객 무리를 많이 본다. 그들이 본 곳이 정말 '그곳'일까? 손을 잡고 말해주고 싶다.

　"사진만 찍고 후다닥 가버리는 것은 당장 잊어버리고 다시 발길을 돌려보세요. 여기에 진짜 '이곳'이 있어요."

　여행을 즐기는 나만의 기술은 여유롭게 시간을 보내는 것이다. 마음을 조인 끈을 느즈러지게 풀고 현지인처럼 느긋하게 말이다. 그저 소중한 경험을 어떠한 과장이나 보탬도 없이 진실되게 남기는 것이다. 반추해보면 여행지에서 만난 사람들을 빼고 나를 말할 수 없으며 그 작고 소중한 인연들과 함께 먹은 음식이 지금의 나를 있게 했다. 그리고 그런 기억들을 스스로 융숭히 대접해 지금의 책을 내게 되었다.

　나의 마수걸이 책이 나오기까지 함께 애써준 도서출판 한울 식구들에게 감사의 마음을 전한다. 또한 도움을 주신 서강대학교 조윤제 교수님과 숙명여자대학교 유효상 교수님, 그밖에 도움을 주신 모든 분들에게 고개 숙여 인사 드린다. 그리고 항상 큰 힘이 되어주는 엄마와 아빠, 언니와 형부 그리고 천사 같은 동생 하은이에게 이 책을 선물한다.

고영민_

도화지에 그림을 그리고 국자로 요리를 담으며 고운 문체로 글 쓰는 것을 즐긴다. 서울대학교와 서강대학교에서 국제업무를 담당했으며 현재는 숙명여자대학교 르 꼬르동 블루 경영학 석사과정을 밟고 있다.

e-mail: ko0201@nate.com

옷장만 한 주방에서 만드는 세계요리

ⓒ 고영민, 2013

지은이 | 고영민
펴낸이 | 김종수
펴낸곳 | 도서출판 한울

편집책임 | 이교혜
편집 | 배유진

디자인 디렉팅 | 이희영
표지·본문 디자인 | 정선민

초판 1쇄 인쇄 | 2013년 7월 15일
초판 1쇄 발행 | 2013년 7월 29일

주소 | 413-756 경기도 파주시 파주출판도시 광인사길 153(문발동 507-14) 한울시소빌딩 3층
전화 | 031-955-0655
팩스 | 031-955-0656
홈페이지 | www.hanulbooks.co.kr
등록번호 | 제406-2003-000051호

Printed in Korea
ISBN 978-89-460-4732-7 03590

* 책값은 겉표지에 표시되어 있습니다.

Cooking in a Closet Sized Kitchen